アーカイブスに保管されているEP6で使用されたデス・スターのプロップと、チームILMのTシャツを着た筆者

オフィスに特別な訪問者がある時に時々現れるストームトルーパーたちと筆者

ILM の受付でゲストを出迎えるキャラクターたち

社内展示スペースに飾ってある、
実際に映画で使用されたプロップ

社内の展示スペースに飾ってもらっている筆者作のジオラマ

オフィスに特別な訪問者がある時に時々現れるいつもの二人と筆者

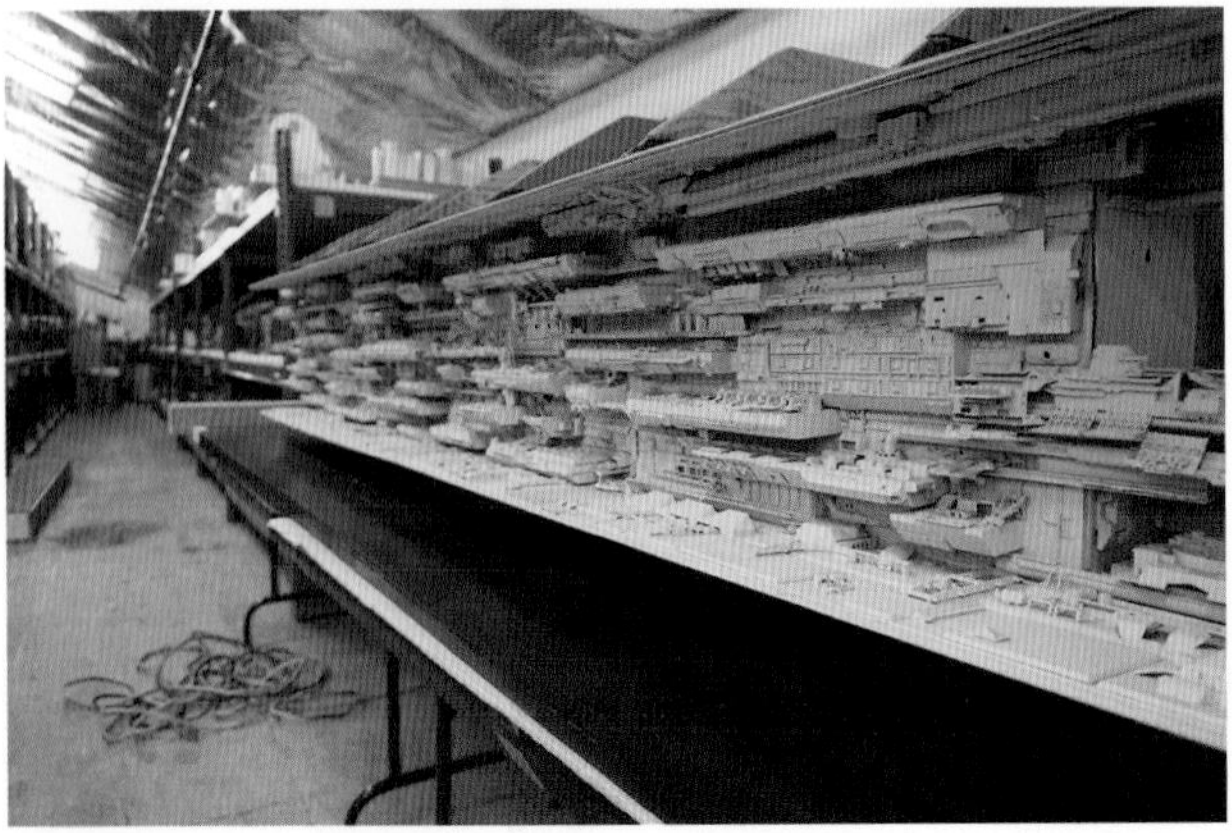

アーカイブスに保管されている EP6で使用されたスターデストロイヤーのサイドトレンチのプロップ

ミレニアム・ファルコンを作った男

45歳サラリーマン、「スター・ウォーズ」への道

The Japanese Man Who Modeled *the* MILLENNIUM FALCON

ルーカスフィルム／ILM
シニアCGモデラー
成田昌隆
Masa Narita

光文社

私のように多くの人が、若い頃人生を真剣に考えず、流されて生きてきたのではないだろうか。年齢を重ね、社会のことが見えてきて初めて、自分が本当にやりたかったことに気づく、そして誰もがもう手遅れとあきらめてしまう。

しかし、「何をやるにも遅すぎることはない」と思う。

自分が何に向いているかを、これまでの経験や学歴などに縛られず、まわりの目を気にせず、ゼロから生まれ変わるつもりで考えていければ、誰もが何かを見つけられるのではないか。
たしかに日本には厳しい現状がある。年齢や学歴でフィルターをかけられてしまう社会である。やり直そうと思っても、その壁を越えることは難しい。しかし、それならば、その環境に留《とど》まっている理由がどこにあるのか。

人生は一度きりだ。自分の価値観の殻を破って、もっと外に目を向けてはどうであろうか。この世界には、自分を待ってくれている場所がきっとある。可能性の選択肢は自分が考えているより、もっと広いのではなかろうか——。

プロローグ　コンピュータでプラモデルを作る

午前5時。6時半にセットした目覚まし時計を解除し、待ってましたと駆け寄ってくる猫に餌を与え、さっとシャワーを浴びる。熱いシャワーで眠気を吹き飛ばし、今日のスイッチを入れる。シリアルとコーヒーの簡単な朝食をとったあと、仕事部屋に直行する。この仕事を始めてから、午前5時前後には自然と目が覚めるようになった。

午前6時、DELLのPCに電源を入れると、暗闇を27インチのデュアルディスプレイが照らし出す。キーボードを打つカシャカシャという音だけを部屋に響かせ、会社のサーバーに接続する。

一日の仕事の始まりだ。

画面上に、宇宙船の描かれたデザインアートを呼び出して眺める。全長は3000メートル、上下の楔《くさび》形の平面構造が挟むサイドトレンチに展開されるべき機械構造はどうする？　レーザー砲は何門？　推進力は艦尾イオンエンジン何基？　イラストに指示はない。

この宇宙船が現実に存在していたら、どんな構造をしているのだろう。脳裏に立体化した宇宙船を思い浮かべて回転させながら、自分のイマジネーションの赴くままタブレットにペンを走らせる。

円筒形のオブジェクトを画面に呼び出し、拡大・変形し、さらに別の直方体オブジェクトをくっ付ける。大まかな形はできたが、いかにもCGくさい。表面にパイプを走らせ、メンテナンス用のハッチを付けてみる。さらに、細かな部品をくっ付け、形状を整えていくと、リアルなレーザー砲ができあがった――。

これが私の仕事、モデリングだ。モデリングを担当するアーティストは、モデラーと呼ばれる。

モデリングというのは、コンピュータの中で、プラモデルを作っていくようなものだと思えばいい。ただし我々の箱の中には部品はなく、一つひとつ自分でクリエイトしなければならないが。こうやって作られた「モデル」は、別のアーティストたちに送られて、色や質感、動きが付けられていく。そして最終的には、映画の中で自在に動き回る。映画に登場する宇宙船は、このようにたくさんのアーティストの手を経ることでリアルな〝実物〟に仕上がった、共同作業の賜物である。

自分がクリエイトした造形物が、映画の中で活躍するのを見るのは、まさに快感だ。毎日、仕事を始めるのが待ちきれない。

現在、私はルーカスフィルムのVFX（Visual Effectsの略で、視覚効果の意。CGを使うのがVFX、一方ミニチュアなどを使う特撮がSFX＝スペシャル・エフェクツと区別される）制作会社、インダストリアル・ライト&マジック、通称ILMでモデラーとして働いている。

『スター・ウォーズ／フォースの覚醒』をご覧になった方なら、主人公たちの駆るミレニアム・ファルコンや、ファースト・オーダーの巨大戦艦スター・デストロイヤーを覚えておいでのことだろう。それらも、私が一つひとつ部品を組み合わせて、コンピュータ上に作ったモデルだ。

モデラーと聞くと、映画やアートなどの仕事をずっとしてきたのかと思われるかもしれない。だが、私がCGモデラーになったのは、46歳の時。その1年前までは、証券会社のサラリーマンだった。

さまざまな幸運と人の縁、そして映画への憧れが、私をモデラーにした。

これは、私がミレニアム・ファルコンに乗るまでの物語だ。

contents

プロローグ　コンピュータでプラモデルを作る　4

第1章　サラリーマン生活の終わり

ストレスに満ちたニューヨークの生活　14

勤め先にかかる暗雲　18

45歳。安定した会社、キャリアを捨てる　19

第2章　自分とは何者か

過去と今の自分をつなぐライン　24

「ジェットビートル」のプラモデル　25

映画との出会いは一期一会だった　31

部活と受験勉強に明け暮れた高校生活　34

電気メーカーから証券会社へ　36

シリコンバレーで働く　40

第3章 CGとの出会いと挫折

『トイ・ストーリー』の衝撃 48
自分でCGアニメーションを作りたい！ 50
CGに没頭する日々 52
デモリール作りに挑戦する 54
CG用機材に100万円以上つぎ込む 58
8カ月かけて「ティンカーベル」を完成させる 62
「ティンカーベル」を売り込む 65
撃沈されたデモリール 70
『エヴァンゲリオン』にハマる 74
「アスカ・ラングレー」を生き生きと動かす 76
CGスタジオの面接 80
グリーンカードを待つ 86
第3弾デモリール『エメラルダス』 89
シーグラフ'99での出会い 92

挫折と父の死 96

第4章 プラモデル全米チャンピオン

「プラモデラー」になる 100
プラモデル魂に火が点く 102
全米チャンピオンへの道 105
ニューヨークへの転勤 110
映画作りに熱くなる 113
再び募る、CGへの憧れ 118

第5章 45歳からの就職活動

模型ファンからのメール 126
CGに専念するため、西海岸に家を買う 131
ついに訪れた、家族の危機 134
専門学校のCGコースに入る 137

45歳、学生生活の始まり 139
若者に混じって、CGスキルの切磋琢磨 144
10年ぶり、4本目のデモリール制作 149
第4弾のデモリールで、面接に臨む 154
デモリール第5弾、「仁王」に賭ける 157
ゲームキャラクターCGとの違い 162

第6章 駆け出しCGモデラー

CGアーティストとしての初報酬 166
仕事が次々と舞い込む 168
憧れのデジタルドメインでの仕事 173
『エルム街の悪夢』のフレディ 177
これぞ、ハリウッド映画 184
健康保険と、マサズ・マジック 187
『タイタンの逆襲』のモデリング・スープ 191

第7章 ミレニアム・ファルコンに乗る

『アイアンマン3』のアーマーを作り込む 193
憧れからの失望、そして倒産 199
ハリウッドからVFXの仕事が消えた 201
再び、無職 204
ILMに応募する 206
リクルーターからのメール 210
ILMへの初出社 213
嬉しい社内イベント 216
トランスフォームさせるため、ゴミ収集車を観察 219
ミレニアム・ファルコンを作り込む 226
ストームトルーパーとスター・デストロイヤー 231
2015年12月17日、『フォースの覚醒』を観る 237
その後の作品 240

楽な仕事はないが、楽しい仕事はきっとある 245
あなた自身の「ミレニアム・ファルコン」に乗れ 247
〔コラム〕アメリカで仕事をするのに英語は必要か? 43
〔コラム〕アメリカ式の履歴書とは 68
〔コラム〕自分の道は自分で切り開く 121
〔コラム〕人の縁が交差して、自分をつくっていく 197
〔コラム〕ILMのすごさとは何なのか? 221
〔コラム〕使えなければ3日で辞めさせられる世界 234
〔コラム〕膨大な数のレビューを繰り返すハリウッド映画 239
あとがき 250
映画作品リスト 254

構成・編集協力/山路達也
本文デザイン/原田恵都子(Harada+Harada)
企画/黒田剛(QUESTO)

第1章
サラリーマン生活の終わり

写真：米国赴任直後、30歳の筆者

ストレスに満ちたニューヨークの生活

サラリーマンとして働いていて、会社を辞めようと考えたことがまったくない人間など、この世にはおそらく存在しないはずだ。

上司や同僚との人間関係がうまくいかない、仕事が面白くない、忙しくて家族や恋人と過ごす時間がとれない、給料が安すぎる、このままではキャリアアップできない――。サラリーマンが会社を辞めたくなる理由といえば、こんなところだろうか。

2008年初頭、サラリーマン生活23年、45歳になる私もご多分に漏れず、会社を辞めるべきかどうか悩んでいた。

当時の私の肩書は、日興コーディアル証券(現・SMBC日興証券)のニューヨーク駐在員事務所長。オフィスは、アメリカ、いや世界の繁栄の象徴ともいえるタイムズスクエアにあった。

これだけ聞くと、恵まれた環境にあった人間の贅沢な愚痴に聞こえるかもしれない。だが、マイナス十数度にもなるニューヨークの外気と同じくらい、私の心は会社で働くことに対して冷たくなっていた。

ニューヨーク、特に真冬のニューヨークでの通勤は心躍るようなものではない。自宅から駅まで10分間のドライビングのあと、駅横のパーキングに駐車し、足早にホームに向かう。電車内で座ろうとすれば、雪や雨が吹きさらしのホームで震えながら、ひたすら待つことになる。目の前を何本もの急行がものすごい速度で通過していき、そのたびに猛烈な雪煙と風をまともに浴びることになる。長靴とコート、手袋、耳あて、マフラー、帽子、カイロで完全防備していなければ、体の芯まで凍ってしまう。

正確無比な日本の電車に慣れている人には信じられないことだろうが、電車が止まる位置は毎日ずれる。電車待ちの「列」にしても、列と呼べるほど整然とはしておらず、その辺に人がただ固まるだけだ。

そして、電車のドアが開くと、皆我先にと駆け込んで、席を確保しようとする。日本のようにきちんと列を作って並ぶようなマナーは誰も持ち合わせていない。

オフィスにたどり着く前にはすでに疲労困憊《こんぱい》しているが、仕事が始まるのはここからだ。

証券会社駐在員事務所の所長の職務は、投資案件発掘、企業のＩＲサポート、証券アナリスト・チームの監督といったところだった。ちなみに事務所は3年前に開設されたばかりで、私が初代の所長である。できてまだ日が浅い事務所だから、新規ビジネスを試行錯誤しながら模索していかなければならない。新規ビジネスを作っていくのは、なかなかにやりがいのある仕事ではあった。自分が興味のあるエンターテイメント業界の大物と交流する機会を得たこともある。

だが、そうした数少ない楽しみを除けば、ニューヨークの仕事はストレスフルで、心を摩耗させることの連続だった。

ニューヨーク駐在員事務所の所長に赴任する前の私は、シリコンバレーの日興のＩＴ（Information Technology）子会社で技術調査を担当していた。ジーパンとポロシャツ姿で出社し、最新ＩＴ技術の動向を調べて本社に報告する。仕事も楽しかったし、あちこちに旅行に出かけ、趣味や家族との時間も持てた。何より、西海岸のゆったりとしたライフスタイルが自分の性に合っていた。

そんなゆとりある生活は、ニューヨークに転勤してからは望むべくもなくなった。出社する時は、ブルックス ブラザーズのシャツに、スーツ、コート姿。うんざりするような電車通勤と、殺伐とした人間関係に放り込まれることになったのだ。

日興の本社に勤め、エリートコースと見なされていたニューヨーク勤務になったエリート社員からすれば、ＩＴ子会社の人間が、自分たちの上に立つなど我慢ならなかったのだろう。所長として赴任した初日から、ただならぬ雰囲気を感じた。

もっとも、証券業務の実務に乏しい者に従えというほうが、所詮難しいことだったのかもしれないが、なかなか自分の思い描いたような職務遂行がスムーズにはできなかった。時には自分は邪魔者になっているのでは、という気分にさえなったのである。

定時が過ぎても、日本との連絡があるため遅くまでオフィスに居残り、出張者や顧客がいればまたもや接待だ。高級レストランに始まり、ピアノバーで二次会、さらにカラオケと、帰りは午前様が当たり前になった。

自宅のボイラーは50年選手で、故障して頻繁に止まる。真冬のニューヨークで、温かいシャワーを浴びて寝ることもできない。イタリア人の頑固なオーナーに何度交渉しても、彼は頑としてボイラーを交換しようとしない。

私はますます疲弊していった。

朝起きても、心が晴れない。いい歳をして、会社に行きたくないのだ。

勤め先にかかる暗雲

この頃は、人間関係のストレスもさることながら、会社の先行きも怪しくなってきていた。影を落としていたのは、世界的な金融不況だ。

2004年からアメリカでは住宅ブームが起こり、住宅価格が急騰していくことになるのだが、このブームを支えていたのがサブプライム・ローンである。通常の審査には通らない、信用の低い人（プライム〔優良〕より劣るという意味でサブプライム）向けのローンがサブプライム・ローンだが、金融工学を駆使した複雑な仕組みによって、こうしたリスクの高い債権がさまざまな金融商品へと組み込まれていった。

住宅価格が高騰しているうちは、手持ち資金がない人もうまく住宅を転売できれば大きな利益を得て信用情報を高めていくことができる。ところが、2006年になって住宅価格の上昇率が鈍化してくると、ローンの延滞率が高まってくる。金融機関の中には資金繰りが悪化して、経営破綻するところも出てきた。

日興コーディアルグループで大きな不祥事が発覚したのも、こうした状況の中だった。

２００６年12月、証券取引等監視委員会が巨額の利益水増しを指摘し、社長、会長が辞任し、東証一部での上場廃止。２００７年2月にはアメリカの金融大手が買収に乗り出して、私の勤め先もその傘下となっていた。

私が所長を務めている駐在員事務所にしても、いつ閉鎖されるかわからない。海外事業が縮小されても、日本企業の正社員だったからいきなり解雇されることはないにしても、日本に呼び戻されることになる。私は15年以上アメリカに住んでいて、すでにグリーンカードも取得していたし、特にこちらで生まれ育った子供の事情を考えると、簡単に日本に生活拠点を移すのは難しいと思っていた。

「45歳。安定した会社、キャリアを捨てる」

会社を辞めることについてはほぼ心が固まっていたが、何も悲愴な気持ちでいたわけではない。

その当時の私には、どうしてもチャレンジしたいことがあり、会社の先行きが危うくなってきていたことも、むしろいい機会だとポジティブに捉えようとしていたくらいだ。

それでも、まったく後先考えずに会社を辞めるわけにはいかなかった。なにせ、妻と中学生と小学生の子供2人を養っていかなければならない。

それほど蓄えはなかったが、今後アメリカで自活することを考え、西海岸に家を購入することにした。ニューヨークは物価が高いし、私も家族も西海岸の気候や文化に馴染んでいる。ビジネスも、どちらかといえば自分との闘いがメインな西海岸に比べ、他人との競争が多い東海岸のビジネススタイルに滅入っていた。

これまでは会社が住宅のリース料などを払ってくれていたから、15年間借家住まいだったが、会社を辞めるとなれば自分の持ち家が不可欠だ。日本に帰るか、ニューヨークに住み続けるか、転職するか、先がどうなるかわからなかったが、会社勤めをしているうちにローンを組まなければならない。自分で住まなかった場合は、人に貸せばいいだろう。会社から辞令が出る前にすべての手続きを済ませてしまわなければと焦ったが、2008年2月には何とかロサンゼルスに家を買うことができた。

そして2008年3月、日本で行われた部店長会議に出席したあと、成田からニューヨークに向かうANA010便の中で、チャイコフスキーのピアノ・コンチェルトを聴きながら一大決心をした。

人生は一度きり。自分のやりたいことにチャレンジしよう。

妻は反対しなかった。なにも寝耳に水のことではない、10年前から自分のチャレンジを見守ってくれてきたし、家を買う前から自分が温めていた考えを相談してきた。それにニューヨークでの仕事が私に合っていないことも感じていたようだ。何より、彼女も私のチャレンジに賭けてみたくなったのかもしれない。

この時、私は45歳。

安定した大手企業での職を捨て、背水の陣を敷く。

そこまでしてチャレンジしたかったこと。それは、プロのCGアーティストになって、映画に自分の名前を刻むことだ。

1年以内にCGでお金を稼ぐ。そして、5年以内にハリウッド映画のエンドロールにクレジットされる。

はたしてそんなことが本当に実現できるかどうかは、わからない。

だが、チャレンジはもう始まったのだ。

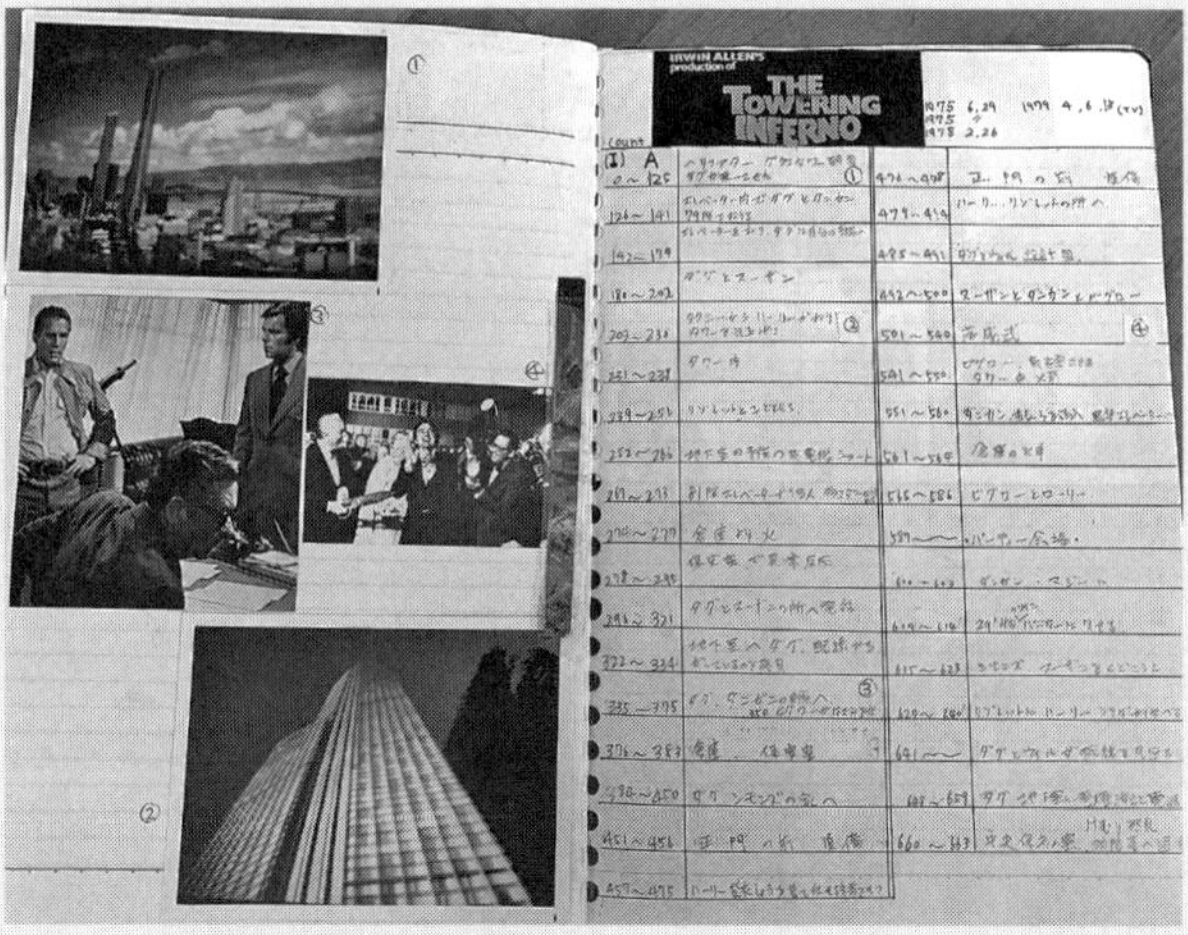

第2章
自分とは何者か

写真：中学生の時に作った『タワーリング・インフェルノ』のショットリスト

「過去と今の自分をつなぐライン」

証券会社に勤める働き盛りのサラリーマンが、いきなり会社を辞めてハリウッドを目指す――。

そう聞くと、仕事でストレスを溜め込んだ人間がおかしくなって突拍子もないことを言い出したように感じるかもしれない。

老後食べていくのに十分な蓄えを作り、退職後に趣味に打ち込むのとはわけが違う。扶養家族もいれば、日々の生活もある。老後資金もこれからつくっていかなければいけない。日本人的常識で考えれば、何とか会社にしがみついて定年まで居座るか、会社を辞めざるをえないとしても、これまで仕事で培ってきたスキルやコネといったものを活かし、勝手知ったる業界で転職活動を行うというのが順当なところだろう。

しかし、今になって振り返ってみれば、私がCGアーティストになったことこそ、最も順当だったように感じる。むしろ、23年間のサラリーマン生活のほうが、自分本来のありようとはかけ離れたものだった。

では、自分本来のありようとは何なのか。私とはいったい誰なのか。私は何をしたかったのか。

会社を辞めるときには深く考えたわけではなかったが、過去の自分を振り返ってみると、今の自分につながる自然なラインが確かに見える。

「ジェットビートル」のプラモデル

私が生まれたのは、1963年。父親は会社員、母親は専業主婦という典型的なサラリーマン家庭だった。

今のようにゲーム機もなければ（インベーダーゲームすらまだ登場していない）、ネットもない。そんな時代の男子の遊びといえば、特撮ごっこかプラモデルと相場が決まっていた。

小学生の頃は、近所に住んでいた1学年下の子分たっちゃん、しげちゃん、よっちゃんを引き連れて、ガキ大将気取りだ。建設会社の資材置き場の土の山で、4人で日暮れまで怪獣ごっこをして遊ぶ毎日だった。いつも自分はウルトラマン役で、子分たちは怪獣だったため、彼らの不満が溜まっていたのだろう。私の言うことを聞かなくなったので、棒でお尻を叩くといって脅したら、「じゃあ、叩いてよ」と言い返されて、相手にされなくなる始末。この経験で反省して、ちょっと大人しくなった記憶がある。

外で遊ぶのも大好きな一方で、絵を描くことやプラモデル作りも大好きだった。テレビで放映されていた『鉄人28号』がかっこいいと思って、自分で描いてみる。でも、テレビに映っていたものとは何か違う、これじゃないとまた描き直す。自分がかっこいいと思った鉄人28号になるまで、毎日毎日描き続けていたものだ。今でも鉄人28号なら、何も見ずにすぐに描ける。

プラモデルは、父親の思い出と強く結びついている。銀行勤めをしていた父は、まさに絵に描いたような昭和のサラリーマンだった。仕事、仕事で、平日の帰宅は私が床に就く頃。日曜日はたいてい疲れたと言ってテレビの前に寝転がり、ゴルフか野球中継を一日中見ていて、一緒に遊んだという記憶はあまりない。おしゃべりな私と違って、無口だった父とはあまり話をした記憶もない。そんな父もたまには家族サービスをしなければならないと思い立つのか、日曜日の夕方、家の前に私を連れ出し、キャッチボールをすることがあった。といっても会話らしい会話もなく、父が投げてくる強いボールを私は黙々と受けるだけだったが。

小学生低学年の頃、そんな父からもらったプレゼントが『ウルトラマン』に登場する「ジェットビートル」のプラモデルだった。クリスマスの朝、起きると枕元にジェットビートルが置いてある。きちんと組み立てられ、色まで塗られていた。

ジェットビートルというのは、『ウルトラマン』の主人公、ハヤタ隊員が所属する科学特捜隊の主力戦闘機だ。流線型の銀色ボディに、赤いラインの入ったジェットビートルはとても未来チックで、当時の子どもたちの憧れの的だった。

当時のプラモデルは、ライナーからきれいにパーツを切り出すのにもコツがいる。今のようにパーツごとにカラー成形されているわけでもなく、塗装にしてもラッカーなどの塗料を筆で塗らないといけない。まだ不器用な小学生には荷が重いと思ったのだろう、父と母が一夜でジェットビートルを組み立てて、色まで塗ってくれたのだ。父がプラモデルを組んだのは、おそらくこのジェットビートルが最初で最後ではなかったか。

できあがったジェットビートルは、美しいはずの銀と赤の境界ラインもグネグネになっていて、ムラだらけ。おまけに指紋がベタベタと付いて、お世辞にも上手なものではなかった。それでも、父と母が自分のために一生懸命作ってくれた初めてのプラモデルだ。子供心にとても嬉しかったことは、強烈に焼き付いている。

私が初めて作ったプラモデルは、『帰ってきたウルトラマン』に登場する防衛チームMATの飛行機で、塗装まではできなかった。当時のプラモデルの難関はとにかく塗装で、小学生には高いハードルだった。そう考えれば、ラインがグネグネになったとはいえ、初めて取り組んだプラモデルで何とか塗装までやり遂げた父はなかなか大したもので、尊敬に値する。

しかし、近所には親よりももっとすごい「おにいちゃん」がいた。学校帰りに近所の文房具店「こだま」に通っては壁一面に積まれたプラモデルを眺めるのが私の日課となっていたのだが、そこの主が「こだまのおにいちゃん」だ。彼は時々店先でプラモデルを作っていたのだが、中でもトヨタ2000GTの完成度は見事だった。

トヨタが開発した2000GTは、日本初のスーパーカーといわれる名車で、ジェームズ・ボンドが日本で活躍する映画『007は二度死ぬ』にも登場した。「こだまのおにいちゃん」が作った2000GTは、鮮やかな赤に塗装され、ドアやボンネットが可動し、しかも豆電球のヘッドライトが光る仕掛けまでついていた。当時の自分が「尊敬する人物」を尋ねられたら、父や母ではなく「こだまのおにいちゃん」と答えていたかもしれない。

中学生になって私のプラモデル熱はますます高まり、自宅からかなり離れた模型店に通うようになった。自転車で30分ほど走った犬山市の城下町の一角に、重要文化財に指定されていてもおかしくないほどの古式ゆかしい家屋があり、その玄関でおじいさんがタミヤのMMシリーズをところ狭しと並べて売っていたのだ。日曜日になると、私は決まってこの店（というか家）に出かけ、こづかいのすべてをタミヤの戦車プラモデルにつぎ込んだ。買い物する時は親の了承を取る約束だったが、こんなにたくさんは認めてくれないだろうと思ってこっそり買い込んでいた。

その店に並んでいたのは実在する戦車のほんの一部に過ぎなかったが、私にとってはそれが世界に存在する戦車のすべてだった。あとは、テレビで時々放映される『バルジ大作戦』や『パットン大戦車軍団』を見た印象か。ビデオで見返すこともできないから、あくまで印象なのだ。私の戦争に対する知識もそんなもので、戦場といえばバルジとアフリカで、クルスクがどこにあるのかも知らない。歴史や地理を掘り下げる方向に関心は向かなかったが、かっこよく戦車を作ることには夢中になり、ジオラマも作ってみた。キングタイガー2台とキューベルワーゲン、三号突撃砲などが行軍している情景で、タミヤのレンガセットで作った建物に、割り箸で骨組みを組み、切ったダンボールの中身のうねうねしたところを屋根に見立て、端を火で焼いて焦がし、リアリティを出した。そのうち、虫が湧くことも考えず、小麦粉で雪を表現するなど、かなり大胆なことをしている。とにかくかっこよく、もっと上手にと、プラモデル作りにのめり込んだ。

中学生の時に作ったジオラマ。雪は小麦粉である

映画との出会いは一期一会だった

10歳の頃になると、映画が楽しみに加わった。

今のように、無尽蔵のコンテンツにスマホでアクセスできるような時代ではない。見放題、聴き放題のストリーミング配信サービスはおろか、ビデオデッキすらまだ一般家庭には普及していない。1976年には日本ビクターがVHS第1号ビデオデッキを発売したが、大学初任給が約9万円の時代、25万6000円のビデオデッキはおいそれと買えるものではなかった。ちなみに、我が家にビデオデッキが来たのは忘れもしない1981年9月、大学1年の時だ。『ジョーズ』がテレビで初放送されるというので、親に頼み込んで20万円超の日立マスタックスを買ってもらった。これで大好きな映画が何度でも観られると、天にも昇る高揚を覚えている。

小学生の頃、テレビで映画やアニメ（当時は「テレビまんが」と呼ばれていた）、特撮を見るのはまさに真剣勝負だった。テレビ放映を見逃したら、そのコンテンツはもう一生見られないかもしれない。だからこそ、テレビで放送された映画を食い入るように見たし、感動はずっと記憶に刻まれた。学校では、前夜に観た映画やテレビまんがの話題でいつももちきりだった。

レンタルビデオもない時代。テレビでは毎晩のように洋画劇場が放映されており、親と一緒に洋画を見るのが自然と日課になっていた。中でも10歳だった私の心を捉えたのが、オードリー・ヘプバーン主演の映画『シャレード』。チャーミングでスリリングな話の展開、どんでん返しはまさしく映画ならではの醍醐味。今でも自分の一番好きな映画を聞かれたらこのタイトルを挙げる。

とにかく好きな映画を記録に残したいと、いろいろな工夫をした。テレビの前にカセットデッキを置いて録音、そして三脚を立ててカメラで画面を撮影した。録音した音声を聞きながらシーンごとの内容をノートに書き起こし、撮影した写真を貼る。ビデオのない時代、こうやって脳内で再生して、何度でもあとから反芻《はんすう》して楽しんでいた。

毎日のように洋画を楽しんで、週末に日曜洋画劇場が終わる。淀川長治さんが「さよなら！　さよなら！」と言ったあとに流れる『So in Love』を聴くと、1週間が終わってしまう寂しさを……いやそれどころか、いつかはみんな死んでしまう、この幸せも終わってしまう、そんな深刻な気分になったものだ。

中学生になり、ひとりで映画館に行けるようになってからは、名鉄犬山線に30分ほど乗って、名駅《めいえき》（名古屋駅）前のグランドなどに頻繁に足を運んだ。『タワーリング・インフェルノ』や『ジョーズ』を映画館の大スクリーンで観た興奮は今でも忘れない。

そして、『スター・ウォーズ』だ。

スクリーンの半分以上を覆い尽くす巨大な宇宙戦艦スター・デストロイヤーが登場するオープニング。ライトセーバーでの活劇。デス・スターのトレンチ（溝）を縫うように飛ぶXウイング。そして、ルークを助けるために飛び込んでくる、ハン・ソロのミレニアム・ファルコン――。

自分が知っている特撮の宇宙船はいつもピカピカの新品だったが、スターウォーズの宇宙船はどれも小汚く使い込んだリアル感にあふれて、違和感なくあの世界に没入できた。しかもあたかも自分が操縦しているように見えるカメラワーク、こんなすごいものを見たことはなかった。

もっとも、この頃は自分がこの映画を作る側に回るなどとは、まったく思いもしなかったが。

部活と受験勉強に明け暮れた高校生活

映画やプラモデルにハマっていたと聞くと、文化系の部活をやっていたように思われるかもしれないが、実は中学、高校、大学1年と通算7年間続けていた部活は陸上だった。それもガチガチの体育会系である。

私が選んだのは、短距離（100〜400メートル競技）。朝練、放課後と、顧問の赤尾先生はぎっちりと練習メニューを入れ込んでくる。毎日毎日ダッシュを繰り返し、何本も100メートルを走る。

こなしていた練習量は今からすれば信じられないほどだが、当時の私は特に疑問も持たず、サボることもなく、真面目に練習をこなしていた。公式記録は11秒7で、県大会の予選までは行ったことがある。

計画を立てて、毎日コツコツとこなすことが苦にならないのは、どうやら子供の頃からの性分のようだ。陸上の練習と同じように、大学受験勉強も計画を立てて、粛々と進めていった。今だけ我慢して頑張ればいい大学に入れる、ならばやらなければ損、遊んでいる時間は無駄だと考えていた。

　大学受験では何科目もこなさなければならないから、月初めに勉強のスケジューリングを行う。この日は、数学の参考書の何ページから何ページまで、英語の参考書の何ページから何ページまで、といった具合にマス目を作り、こなした分は×を入れて消していく。

　このやり方の良いところは、自分はこれだけやったという自信につながることだろう。少しずつでも前に進んでいると実感できるから、モティベーションを維持できるのだ。

　計画を立てて堅実に受験勉強を進めたことで、第一志望だった地元の名古屋大学工学部電気電子学科に進むことができた。

　受験勉強漬けの反動か、大学では解放感を味

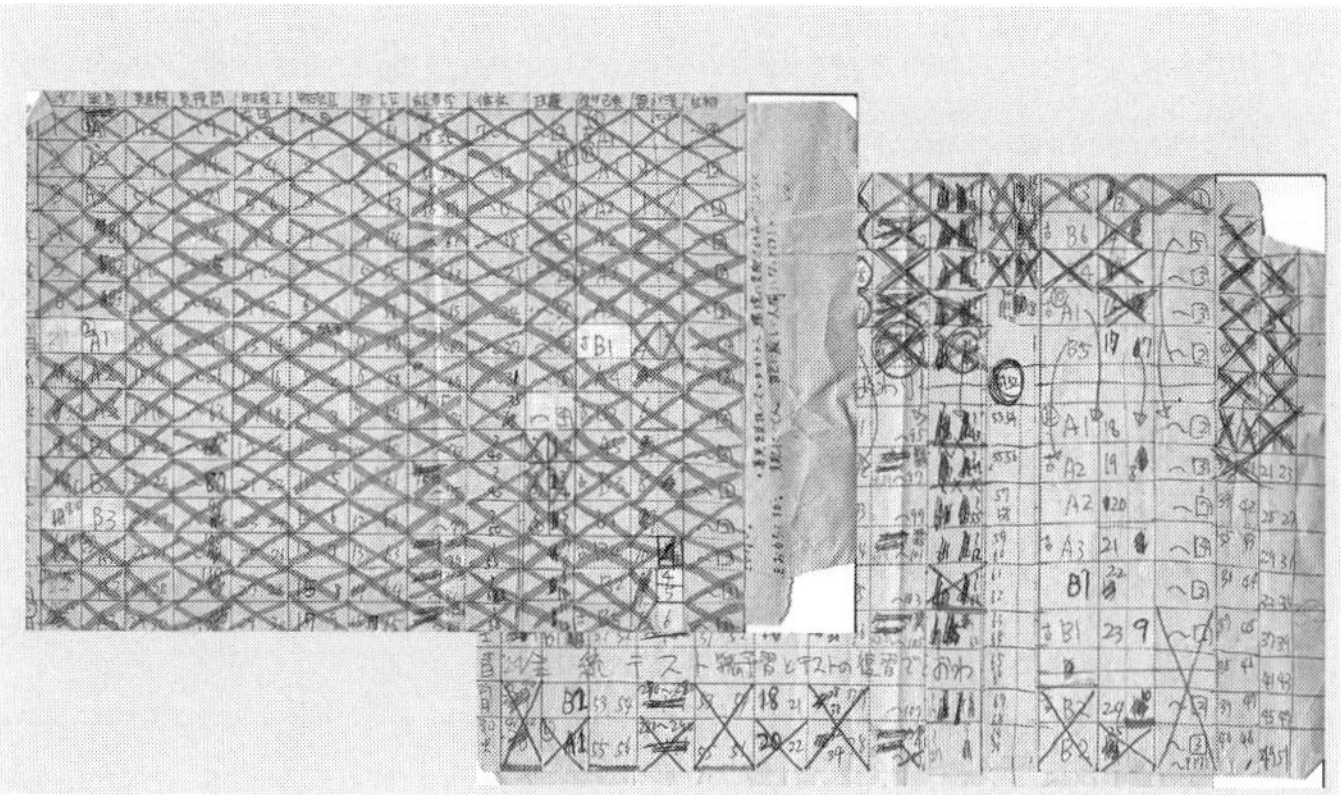

受験勉強用スケジュール表

わい、映画作り……にはいかずに、ミュージカルサークルに所属して、演技や歌唱に熱中した。私はその時々で、目の前にあることにすぐ熱中できてしまうのだ。

大学3年生になると、卒業後の進路についてやっと考え始める。そこで、映画……とはやはりならなかった。その頃も相変わらず映画を観るのは大好きだったけれども、ハリウッドはあまりにも遠くて、映画作りを自分事として考えることはできなかったのだ。どうやってハリウッドでキャリアを始めればいいのか、そもそもどんな仕事があるのかすらわからない。

もしこの頃、今のようにネットが使えたのであれば、「ハリウッド 就職」でググり、映画作りの世界へ飛び込んでいたかもしれない。けれど、ネットのない時代、職業を選択するための情報も今とは比べものにならないほど少なかった。

「電気メーカーから証券会社へ」

結局選択したのは、大企業に就職するというありふれた、当時としては安定のルートだった。そうは言っても、大企業ならどこでもよかったというわけではない。その頃は『スター・ウォーズ』の影響か、宇宙に関わる仕事がしたいと考えるようになっていた。大学3年生の年末、テレビの年越し番組へミュージカルチームに出演依頼があって出かけた時、抱負を聞かれた私は「自分の手で人工衛星を作って宇宙に放り投げる！」と元気に答えている。就職活動ではNECが第一志望だったが、理由はNECが人工衛星の開発事業を行っていたからだ。

幸い、就職は大学の枠に入りすんなりと決まって、NECに入社し、衛星通信事業部に配属された。私の担当は、パラボナアンテナ制御装置の設計・開発である。人工衛星そのものではないけれど、宇宙とつながっている実感があり、やりがいはあった。入社して間もない頃、ほとんど英語も話せないのに、ユーゴスラビアやデンマークなどの出張をひとりで任されるなど、仕事自体は刺激があって好きだった。

ただ、どうしても気になったのが、働き方だ。

同僚たちは、当たり前のように毎日午後10時まで残業をしている。辛いのは寮の風呂のお湯が10時にストップされることだ。何十人分もの垢《あか》が浮いたぬるい浴槽に毎日つからなければならなかった。寮の食事も午後8時には終了していた。50代になって部長級になれば残業からは解放されるが、それまでずっと午後10時まで毎日、土日もどちらかは休日出社だった。

仕事にはやりがいを感じていたとはいえ、私自身が平日は父親の顔を見ないで育ったので、そんな思いを自分の子供にさせるのには抵抗を感じた。50代まで仕事だけという人生は勘弁願いたいと、転職活動を始めることにした。

この時、1988年。日本はバブル景気の真っ只中にあった。

不動産価格は上がり続け、「地上げ屋」という言葉をニュースでよく耳にするようになった。土地を右から左へと転売するだけで、巨万の富が懐に転がり込む。山手線の内側の土地価格でアメリカ全土の土地が買い占められるほど、不動産価格が高騰していた。

街ではみんながタクシーに乗るから、なかなかつかまらない。1万円を振ってタクシーを止める人もいるなどと、テレビは面白おかしく報道する。

皆がバブルに浮かれる中、不動産業界と並んで景気が良かったのが証券業界だ。入社間もない新卒の証券マンでも、ボーナスがポンと100万円貰えたりする。

私は、証券マンに特に憧れも感じなかったが、証券会社の仕事には興味を持った。証券会社といっても、客の注文で株を売買しているだけではない。この頃、日本でも金融工学を用いて投資を行おうという風潮が強まっており、数学やIT（Investment Technology）

に通じた理系人材が求められるようになっていた。そういう会社なら自分の強みを活かせそうだし、今の職場よりずっと待遇もよさそうだ。

そういうわけで、NECを3年ほどで離れ、日興證券に転職し、子会社である日興システムセンターに出向することになったのだった。

日興システムセンター（現日興システムソリューションズ）の企画調査部門では、投資工学を一から勉強して、いち早くAIを使った投資システムの研究・開発を行った。このシステムで特許を取ることができたから、なかなかの成果を上げたことになる。

そうこうしているうちに、あっという間に5年が過ぎた。

ある日、アメリカで働く人材を社内公募していることを知った。シリコンバレーに先端IT調査研究所を開設するというのだ。

この時、1993年。バブル景気はすでに終わり、平成不況に入っていた頃だ。そんな中、シリコンバレーに事務所を開設しようという経営陣の判断は、業界関係者からずいぶん珍しがられたが、今となっては先見性があったといえる。

西海岸のシリコンバレーといえば、ヒューレット・パッカードやアップルなどさまざまなベンチャー企業が生まれ、巨大な産業をつくっていったテクノロジーの聖地だ。ついでにいえば、映画の聖地ハリウッドも西海岸にある。子供の頃からのハリウッド映画ファンだから、西海岸で働くと聞いてときめかないわけがない。アメリカ勤めは3年、長くても5年だという。

この当時すでに私は結婚していたが、妻に相談すると彼女もアメリカで暮らすことに異論はないというので、勇んで手を挙げた。

シリコンバレーで働く

１９９３年2月、シリコンバレーに到着した私は、さっそく事務所開設のために奔走することになった。

正式名称は「サンフランシスコ駐在員事務所」であったが、事務所の業務目的は、日本の証券業界で将来的に活用できそうな先端ＩＴ技術をいち早く発掘し、本社に紹介することにある。１９９３年というのは、インターネットのまさに黎明期《れいめいき》だった。

ＣＥＲＮ（欧州原子核研究機構）の研究者、ティム・バーナーズ＝リーがワールド・ワイド・ウェブ、いわゆるウェブを考案したのが1989年。93年にCERNがウェブ利用を一般に開放すると、NCSA（米国立スーパーコンピュータ応用研究所）のマーク・アンドリーセンが、モザイクという初のウェブブラウザを公開する。モザイク以前はテキストが主体だったインターネットが、モザイクの登場を機に画像も扱いやすくなり、世界中の投資家やエンジニアの注目がインターネットに集まることになった。モザイクを開発したマーク・アンドリーセンは巨額の資金を調達し、ネットスケープコミュニケーション社を創設して一躍大富豪になっていくなど、シリコンバレーは世界で一番熱い場所だった。

次々とベンチャー企業が立ち上がり、莫大な額の資金が流れ込む。私の日常業務はもっぱらシリコンバレーのベンチャー企業やニューヨークの金融機関本社を訪問して、調査レポートを書くことだったが、レポートのネタ探しにはまったく困ることがなかった。

証券ビジネスに直接関連したところでいうと、ダウンサイジング、オンライントレード、フィービジネス、デイトレードなどの技術、スキーム、ビジネスモデルなどが私の興味を引いた。

当時、株の売買は電話やファックス、窓口で行うものだったが、シリコンバレーの状況を見るに、インターネットで株の売買を行うようになるのも遠い将来のことではあるまいと私は考えるようになっていた。

シリコンバレーには日本の親会社から時々役員たちが視察に訪れる。シリコンバレーが一望できる有名レストランでランチをとりながら、インターネットの株取引などについて私が説明すると、役員たちはありえないと一蹴したものだ。

米国と日本のＩＴに対する意識のずれはとても大きかったし、もしかすると今でもそのずれは埋まっていないかもしれない。

シリコンバレーにいた12年間で、私は５００社以上の企業を訪問調査することになる。全米各地で開催されるＩＴと金融関連のカンファレンスにもほとんど出席しており、その中にはＣＧＤＣ（Computer Game Developers Conference：コンピュータゲーム開発者会議、現ＧＤＣ）も含まれていた。なぜゲーム関連の展示会に参加していたのかと思われるかもしれないが、この頃ゲーム機からモデムでサーバーに接続し、株取引を行う技術が登場しており、その調査が主な目的だったのだ。

１９９７年4月のＣＧＤＣ。サンタクララ市で開催されたこの展示会で、私は衝撃的な出会いをすることになる。

アメリカで仕事をするのに英語は必要か？

アメリカで仕事をすると聞くと、「英語ができないから、私には無理！」と思ってしまう人も多いのではないか。

シリコンバレーに赴任した当初は、私も英語はまったくダメだった。赴任直前、英語教室のベルリッツで100時間の集中英語研修を受けたが、研修の最後に講師から「こんなことで本当にアメリカで仕事ができるのか？」と呆《あき》れられたほどである。

もともとそれほど人と話すのが得意ではなかったが、このままではダメだと思い、赴任してからは積極的にアメリカ人に話しかけるように心がけた。だが、とにかく会話が続かない。せっかく一生懸命こちらが話しても、発音がよくないせいで、相手にまったく意図が通じていないのが手に取るようにわかった。「マリリン・モンロー」とカタカナ発音しても英語のMarilyn Monroeとはまったく違う響きなのである。

相手の言うこともよく聞き取れない。わからない時は「Pardon?」と聞き返すようにしていたが、あまりにも頻繁に聞き返しているとさすがに恥ずかしくなってくる。

そうなると、わかっていないのにわかったフリをして頷いたり、相槌を打って会話に参加しているフリをするようになってしまった。

ミーティングで相手から「今言ったことについてどう思う?」と唐突に聞かれても、理解できていないとは言いづらいものだから、「いいと思うよ」と曖昧な返事をしてごまかしてしまう。そういうことを続けていると、相手は私のことをいい加減な人間だと捉えるようになる。完全な悪循環だ。

言葉が通じないというのは実にもどかしい。相手に思い違いをされ、自分の正当性をうまく説明できない時はなおさらである。そんな時、アメリカに住むのが本当に嫌になって落ち込んだ。まったく言葉の通じない国にスパイとして送り込まれ、つかまって殺されそうになっているのに自分の言いたいことが言えない――そんな夢まで見てうなされた。これは、子供の頃から洋画を見すぎたせいかもしれないが。

英語の文法知識や発音、ボキャブラリーといった要素はもちろん重要だ。しかし、それ以上に話し手としての姿勢、聞き手としての姿勢が重要なのだと、今なら言える。

だいたい、仕事であれば、相手と共通認識を持っているものだ。技術的な内容や取引のプロセスなど、まったく予想外のことなどそうそうあるものではない。

ベタな言い方になるが、共通認識さえできていれば、あとはハートだ。

相手に伝えようという熱心さ、相手のことを理解しようという心遣いがあれば、たいていのことはうまくいく。相手の目をしっかり見て（日本人はこれが苦手なのだが）、熱心に伝えようとすれば、細かな言葉は通じなくても、「この人は信頼できそう」「よし聞いてやろう」と思ってもらえる。

そもそも、アメリカで生活していても、英語が苦手な人はたくさんいる。たくさんの移民がさまざまな場所で働いているから、その人たちのためにアメリカではいろいろな工夫をしている。

何十年も前から運転免許のテストでは、日本語、スペイン語、中国語、アラビア語、ロシア語、韓国語、フランス語、ドイツ語、ベトナム語など30カ国以上の言語で問題が用意されている。

そうした事情は、イノベーションが生まれる土壌にもなっているのだろう。マウスを用いたGUI（グラフィカル・ユーザー・インターフェイス）はアメリカで開発され、マックやウィンドウズにつながっていったが、これも英語のマニュアルが読めない人でもパソコンが使えるようにと、必然から生まれたものだ。

言語に限らず、バリアフリーに対する意識も高い。小さなレストランであっても、2階に店がある場合は、エレベーターの設置なしでは営業許可が下りない。マイノリティーを阻害しないよう、社会基盤が作られていることがわかる。英語を基本言語としていない住民に対しても機会均等は徹底されており、アメリカ人の多くは相手が英語を話さないことに慣れている。

最初のうちは、私も英語で苦労はしたが、そういうアメリカの文化に馴染むと、自由、機会均等とはこういうことかと実感するようになり、価値観が一変した。

日本に住んでいた頃は、社会のルールは絶対的なものだと思っていた。世の中の良し悪しは固定されていて、生まれてから死ぬまでそのルールに従って生きていくものだと思い込んでいた。日本社会で当たり前だと思われていることも、世界から見れば数ある価値観の1つに過ぎない。

第3章
CGとの出会いと挫折

写真：シーグラフ'99会場、ロサンゼルスにて　提供／鈴木裕史

『トイ・ストーリー』の衝撃

1995年と聞いて、どんな出来事を思い出すだろうか。日本に住んでいる人なら、阪神・淡路大震災や地下鉄サリン事件という痛ましい事件を想起する人も多いことだろう。その時すでに働いていた人なら、不良債権を抱えた金融機関が次々と倒産したことが記憶に残っているだろう。

テクノロジーの分野に目を転じてみると、1995年は、ITというものが一般人にとってもごく身近になった年といえるかもしれない。

7月にはアマゾン・ドットコムがサービスを開始し(当時は紙の書籍のみを取り扱うオンライン書店だった)、8月にはマイクロソフトからウィンドウズ95が発売された(日本語版の発売は11月)。それ以前はインターネットに接続するためには少々面倒な作業が必要だったのだが、ウィンドウズ95を買うだけで、すぐにインターネットに接続することができるようになった。これをきっかけにインターネットユーザーは爆発的に増加していく。

もうひとつ、コンピュータ関連技術に関して非常に大きな意味を持つ出来事があった。

ピクサー・アニメーション・スタジオが、世界初のフルCGアニメ映画『トイ・ストーリー』を公開したのだ。

『トイ・ストーリー』以前にもCGを活用した映画はあったが、全編をCGによるアニメーションだけで作り上げた長編映画は『トイ・ストーリー』が初めてだ。

しかも、単に先端技術を使ってみました、というだけではない。当時のCG技術ではまだリアリスティックな表現はできなかったが、それを逆手《さかて》に取っておもちゃを主人公にし、大人の鑑賞にも堪えるストーリーを作り上げたのだ。この映画をきっかけに、CG技術への注目が一挙に高まった。

私自身がCGという言葉に出会ったのは、高校時代からの友人で、当時東北新社でコマーシャルを作っていた宮下俊君がシリコンバレーの自宅を訪ねてくれた時に、彼から「成田、CGが面白い。CGやろうよ」と言われたのが最初である。その時はピンとこなかったが、『トイ・ストーリー』を観て納得した。

あの映画、「You've Got A Friend In Me（君はともだち）」をBGMに、エンドクレジットが流れるのを見た時に感じたのは、感動とそれ以上の焦りだった。なぜならそこに小西園子さんという日本人の名前を見つけたからだ。こんな素晴らしい作品に日本人が関わっている。自分は何をしているんだろうと思ったのである。

一洋画ファンとして、映画としての完成度に舌を巻いた。いったいどうやってCGを使って、あそこまで生き生きとキャラクターを表現することができるのか。

私もコンピュータ分野ではプロフェッショナルという自負があったが、そんな自分のフィールドで、これほど完成度の高いエンターテイメントを見せられたことに衝撃を受けたのだ。

「自分でCGアニメーションを作りたい！」

『トイ・ストーリー』には衝撃を受けたが、映画作りに使われた技術は一般の人間がおいそれと手に入れられるようなものではない。なにせ、『トイ・ストーリー』はアカデミー特別業績賞を受賞するほど、映画のプロたちにも衝撃を与えたのだ。

金融業界、証券業界においてすら、CG技術への関心が高まっているのは感じていたし、私自身も頭の片隅には常にCG技術があった。

『トイ・ストーリー』鑑賞から約1年後の1997年4月。技術リサーチの一環として訪れたのが、シリコンバレーにあるサンタクララ市で開かれたCGDCだった。

会場を歩いているうち、ニューテック社という会社のブースに目が留まった。このブースでは、「ライトウェーブ3D　V5・5」という統合CGソフトウェアのデモンストレーションが行われていた。

説明員はマウスとキーボードを操作して、いとも簡単そうに画面上にCGモデルを作り、それをアニメーションにしていく。

「こんな簡単な仕組みなのか！」

これなら自分でもできそうだと直観した。

CGアニメーションを自分で作り、それを映画会社に売り込めば、CGアーティストとして雇ってもらえるという考えが頭に浮かんだ。

大学生の時には、どうすればハリウッド映画を作れるのか見当もつかなかったが、CGができれば自分もハリウッド映画を制作する一員になれる！

我ながら、実に単純である。

その場で1079ドルを出して、ライトウェーブ3Dのパッケージを購入。私にはその白く、表紙にCGキャラクターがいっぱい描かれた四角形の箱が、ハリウッドへの夢の切符に思えた。

ずっしりと重いソフトウェアのパッケージを抱えながらも、足取り軽く帰宅し、さっそく開封した。中には分厚いマニュアルが2冊ほどと、CD－ROMが入っていた。

さっそく自分のパソコンにソフトウェアをインストールする。パソコンは半年ほど前に購入したばかりのゲートウェイG6－200で、当時としてはまずまずのスペックを備えていたから、ライトウェーブ3Dも快適に動くだろうとこの時は思っていた。

「CGに没頭する日々」

CGに明け暮れる日々が始まった。

その当時もそれなりに忙しくはあったが、多くのアメリカの企業がそうであるように、午後6時には仕事は終わっていた。退社したら自宅に直行して部屋に閉じこもり、深夜1時か2時まで、毎晩ライトウェーブ3Dと格闘した。もちろん土日となれば、早朝から深夜まで。CGに没頭する日々は、3年間続くことになる。

日本のサラリーマンであれば、終業後も上司や同僚と飲みに行ったりするものだが、アメリカではそんな習慣はない。アメリカ駐在の日本人サラリーマンには、ゴルフやスポーツ観戦に熱中する人も多かったが、私はそうしたことにもまったく興味がなかった。英語のリスニングもさっぱりで、テレビも見ないので、時間は豊富に使えた。

アメリカに赴任した最初の4年間は、よく家族と国立公園めぐりをしていたものだ。ヨセミテ、モニュメント・バレー、ザイオン、ブライス・キャニオン、グランド・ティトン、イエローストーンなど挙げたらきりがないが、代表的な国立公園はほぼすべて訪問した。あまりにも美しい自然の風景を記録したくて、写真に没頭した。1993年の赴任時は妻と2人きりだったが、翌年には長男が誕生して3人家族となった。小さな息子をバックパックに背負って、写真を撮りにスイスアルプスにまで出かけていったこともある。当初の4年間、月に1回は撮影旅行に出かけていた。

しかし、CGに取り組み始めてからはそんな家族旅行は年数回に減り、写真機材をカメラバッグから取り出すこともなくなった。

97年には3歳になっていた息子の世話もすべて妻任せだった。妻には本当に苦労をかけたと思っていたが、彼女は彼女で育児が楽しく、のめり込んでいたそうだ。むしろ私の干渉がなくてよかったと、最近になって言われてしまった。

妻が不平らしい不平を漏らすことは少なく、時々漏らす愚痴についても、私はまったく馬の耳に念仏状態。私が得意げに見せるできそこないのモデルを見て、「いいじゃないの」といつも喜んでくれていたのだ。

そんな状況に甘んじた10年間、私は自分の趣味にのめり込んでいた。後に、身勝手すぎる私の行動に妻の不満が噴出することになるのだが、当時の私はそんなこととはつゆ知らず、好き勝手にCGに没頭していた。

「デモリール作りに挑戦する」

さて、CGを学び、自分を映画会社に売り込むにはどうすればよいか。

映画業界に知り合いはいなかったし、当時はインターネットもまだ普及段階で、就職ノウハウのような情報は見つからない。数少ないCG関係専門誌の情報と、自分の直観だけを信じて動くしかなかった。

売り込みには「デモリール」が必要だということはわかっていた。自分の作品を数分程度にまとめたもの（当時はVHSのビデオテープ）を作り、映画会社の担当者に見せて気に入ってもらえればいいだけだ。アメリカ、というよりシリコンバレーで数年働いた経験から、こういう業界に経験なんていらないことはわかっていた。

いいものを作る実力、それがすべてだ。

とはいうものの、デモリールをどう作ればよいかまではわからない。他人のデモリールの動画をネットなどで見ることは不可能だったからである。

採用担当者を唸《うな》らせるのであれば、単にCGモデルが動くだけではなく、ストーリーがあって3分程度で完結するショートムービーがよいのではないか。ストーリーもオリジナルのものがいいだろう。自分で勝手にそう決めた。

それからしばらくは、会社で仕事をしていても、出張先でも、家族とショッピングをしている時でも、いつでもどこでもストーリーを考えていた。

自宅にいる時、子供に買い与えたピーターパンの絵本がふと目に留まった。

これだ。

子供の寝室に流れ星が落ちてきて、ベッド脇に置いてあったピーターパンの絵本に激突。中からティンカーベルが飛び出してきて、居間に置いてあったF－18ブルーエンジェルスの模型に乗り込む。ティンカーベルはそれに乗って部屋を飛び回り、その騒ぎに起きてきた子供に気づいて、煙突から逃げていく——。

『Magic of Tinker Bell』と名付けたこのストーリーを、アニメーションにしよう。

そのためには、CGソフトウェアを自分の手足のごとく使えるようにならなければならない。中学、高校と培ってきた勉強ノウハウを活かして、着実に進めていく。

まずは、ライトウェーブ3Dのパッケージに同梱されていたマニュアルの完全読破と完全理解だ。マニュアルは全部で600ページほどはあったかと思うが、1ページずつ隅から隅まで読んでいく。アメリカに来てすでに4年ほど経っていたが、これほど厚い英語の原書を読破したのは初めての経験だった。

次は、ライトウェーブ3Dのバイブルとも言われていた"The FX Kit for Lightwave"など3冊の解説書を読破する。この3冊を読んで初めてCGの仕組みが理解できた。ちなみに3年後、"The FX Kit～"の著者アラン・チャン氏とは、ある会社の面接で出会うことになる。

700ページほどある分厚い市販の解説書をさらに2冊ほど読破した。単に読んだだけでなく、掲載されているチュートリアルも手を動かしてすべて試してみた。

シリコンバレーには、ライトウェーブ3Dを教える学校がなかったので、車で2時間近く離れたリバモア市にある学校に通うことにした。夜間週1回のコースを2カ月ほど受講したが、内容は解説書で独学したことのおさらい程度で、あまり役には立たなかった。業界関係者と接点を持つことも期待していたのだが、この学校ではそれもかなわなかった。

学校はほとんど役に立たなかったが、ライトウェーブ3Dの開発元であるニューテック社が開催したイベントだけは特別だった。制作プロダクションで実際の映画制作に関わっている人たちが、実践的なノウハウを教えてくれたのだ。キャラクターが自然に歩いているように見せるには、どうやってジョイント（関節）の動きを制御すればよいか。レンダリング（58ページ参照）では、どんな設定にするのが効率的か。マニュアルを読んでいるだけではわからないノウハウを得ることができた。

そしてこのイベントの最中、白人のアメリカ人男性から日本語で「日本人？」と話しかけられた。このリチャード・モートン氏は、アニメ『マクロス』ファンの日本好き。彼もいつかはCGアーティストになることを夢見るワナビーだった。この時は挨拶して別れただけだったが、後に意外なところで彼と再会することになる。

「CG用機材に100万円以上つぎ込む」

ここでCGアニメーション制作の流れを簡単に説明しておこう。

1. モデリング（人や物の外形をモデルとして制作）
2. テクスチャリング（モデルに色を塗る）
3. シェーダリング（ルックデベロプメントともいう。表面の反射率や透過度、凸凹度などを設定して質感を設定する）
4. リギング（モデルを動かすために、ボーンと呼ばれる骨組を組み込む）
5. アニメーション（ボーンを動かして動作をつける）
6. ライティング（情景に合わせてライトをセットアップする）
7. エフェクト（雲、炎、煙、水などの視覚効果を入れる）
8. レンダリング（1秒当り24コマのイメージをコンピュータに出力させる。色、影、反射など、コンポーネントごとに描画を行う）

9．コンポジット（レンダリングされた各種コンポーネント画像を合成し、色調などを整えて最終的な映像に仕上げる）

実写への合成が入ると、トラッキングやロト・ペインティングなどの工程が増えてもう少し複雑になるが、基本的な制作フローはこの9つの工程からなる。

映画であれば、各工程の作業はそれぞれのスペシャリストが担当するのだが、自分でデモリールを作る場合、すべての作業工程を自分一人で行う。

ライトウェーブ3Dは、工程1から8までを行うためのソフトウェアであり、ステージ9では合成用ソフトウェアのアドビのアフターエフェクツや、動画編集ソフトウェアのアドビのプレミアを使っていた。

さて、工程4までは、ゲートウェイG6－200だけでも確かに何とかなっていた。ところがその先の工程では、ごくスタンダードなパソコン1台ではどうしようもないことがわかってきた。モデルのデータ量が増えると、パソコンの動作が遅くなって、作業効率が一挙に落ちてしまうのだ。

そこでまずはパソコンをアップグレードすることにした。ゲートウエイG6－300

（CPUはペンティアムⅡ／300MHz）を3100ドルで購入。高速に画像を描画するためのビデオカードは業界最速のビデオカード「Oxgen 202」で2500ドル。パソコンから映像をビデオに出力するためには、DPS社のPVR（Perception Video Recorder）というデータ変換カードが1600ドル。モデルを効率的に編集するためのペン入力システムは「エースCAD」で数百ドル。

さらにソフトウェアも、ライトウェーブ3D本体だけではどうにもならないことがわかってきた。サードパーティから、ライトウェーブ3Dの機能を拡張するさまざまなプラグインソフトが発売されており、私が作りたいショートムービーを実現するためにはそうしたプラグインソフトを何本も購入しなければならないのだ。ティンカーベルのピクシーダストを作るにはダイナミック・リアリティ社の「パーティクル・ストーム」、足が滑らない歩きをするには「ロック&キー」、鏡を作るには「リアリツール」、グラスを落として壊すにはシュミレーションの「インパクト」という具合である。

当時のCG業界では、エイリアス・システムズ社のパワーアニメーター（後にオートデスク社が開発元を買収し、マヤとなる）といった高機能統合ソフトウェアがデファクトスタンダードとなっていた。100万円以上するようなソフトウェアに手が出なかった私は、安価なライトウェーブ3Dを選んだのだが、ここに至って同ソフトウェアが安価だった理由をようやく理解した。

購入したライトウェーブ3D関連のソフトウェアは（ライトウェーブ3D本体を除いて）全24種で、合計7500ドル。ビデオカードなどのハードウェアを合わせると、パソコン本体を除いても1万2000ドルにもなった。

パソコンも1台では到底足りない。

1秒間24コマで5分間のムービーを作るためには、24×5×60、つまり合計7200枚の静止画を生成する必要がある。

CGソフトウェアは、指定されたモデルやカメラ、ライトの位置を計算し、テクスチャなども適用して最終的にどう見えるのかを描画する、これがレンダリングだ。1枚の静止画をレンダリングするのに、私が作ったアニメーションでは平均10分程度はかかった。つまり単純に7200枚をレンダリングするだけでも、1200時間、50日かかることになる。

実際には、アニメーションやライティングなどを何度も試行錯誤しながら修正していく必要があるし、結果の良し悪しは実際にレンダリングさせてみないとわからない。

そこで複数のパソコンをLANで結び、レンダリングを分散処理させることで時間を短縮することにした。1台なら50日でも10台あれば5日で済む計算だ。パソコンの数は増え続け、6畳の自室に7台のパソコンが並ぶことになった。

駐在員の特別手当は、すべてこの道楽につぎ込まれたのである。

「8カ月かけて「ティンカーベル」を完成させる」

初CGアニメーション作品の題材にティンカーベルを選んだのは、私が根っからのディズニー好きだからだ。小さい頃からダンボやジャングルブック、くまのプーさんの絵本を母によく読んでもらって育てられたせいもあり、ディズニー作品は体にしみついていた。大学時代に初めて訪れた東京ディズニーランドは、それまでのどの日本の遊園地とも違う、夢の世界だった。エレクトリカル・パレードはまさにエンターテイメントの極みだ。子供が生まれてからは、ディズニーのビデオを買い揃えて半ば強制的に見せ、ロサンゼルスやフロリダのディズニーランドには何度も足を運んだほどである。

90年代後半のディズニーは、CGに批判的で2Dアニメーションに固執していたが、私は漠然とディズニーでCGアニメーションを作りたいと思っていた（後にディズニーは、『トイ・ストーリー』のピクサーを買収することになる）。

そんな思い入れのあるティンカーベルだが、3Dモデルとして作るのは意外に難しい。サザエさんや鉄腕アトムと同じで、あの髪型が立体的にどうなっているか想像できない。サンフランシスコのディズニー・ストアに出かけていってフィギュアを探したが、まともな形の商品がない。天井近くに飾ってある大きな張りぼてはまずまずの出来だったので、その造形をしっかりと目に焼き付け、ついでにポストカードも購入した。この頃は、デジカメやカメラ付き携帯電話も普及してなかったのだ。

とにかく何をするにもゼロから学ばないといけないので、時間がかかった。例えば、ティンカーベルの飛んだ軌跡が光る「ピクシーダスト」を表現するにはパーティクルシミュレーション（粒子の動きをシミュレーションする）機能が必要だとわかるが、ライトウェーブ3Dの600ページのマニュアルを読み直しても、どうすればいいかわからない。雑誌で調べると、サードパーティ製のプラグイン・ソフトウェアが必要だとわかり、その会社に電話で注文。プラグイン・ソフトウェアが届いたら、マニュアルを読み込んで使い方を勉強する。

パソコンの組み立てにも時間をとられた。ＣＰＵやマザーボード（パソコンの基板で、この上にＣＰＵやメモリ、ビデオカードなどを組み込む）、ビデオカード、メモリ、ハードディスクなどのパーツを自分で組み上げると、低コストで高性能なパソコンを手に入れられるが、トラブルの対処も自分で行わなければならない。パソコンがうまく動作しない場合でも、どのパーツが悪いのか見た目ではわからない。インターネットでもまだ大した情報を得られない頃だ。パーツ不良が原因の時もあって、何度も量販店に足を運ばなければならなかった。

それでもライトウェーブ３Ｄを手に入

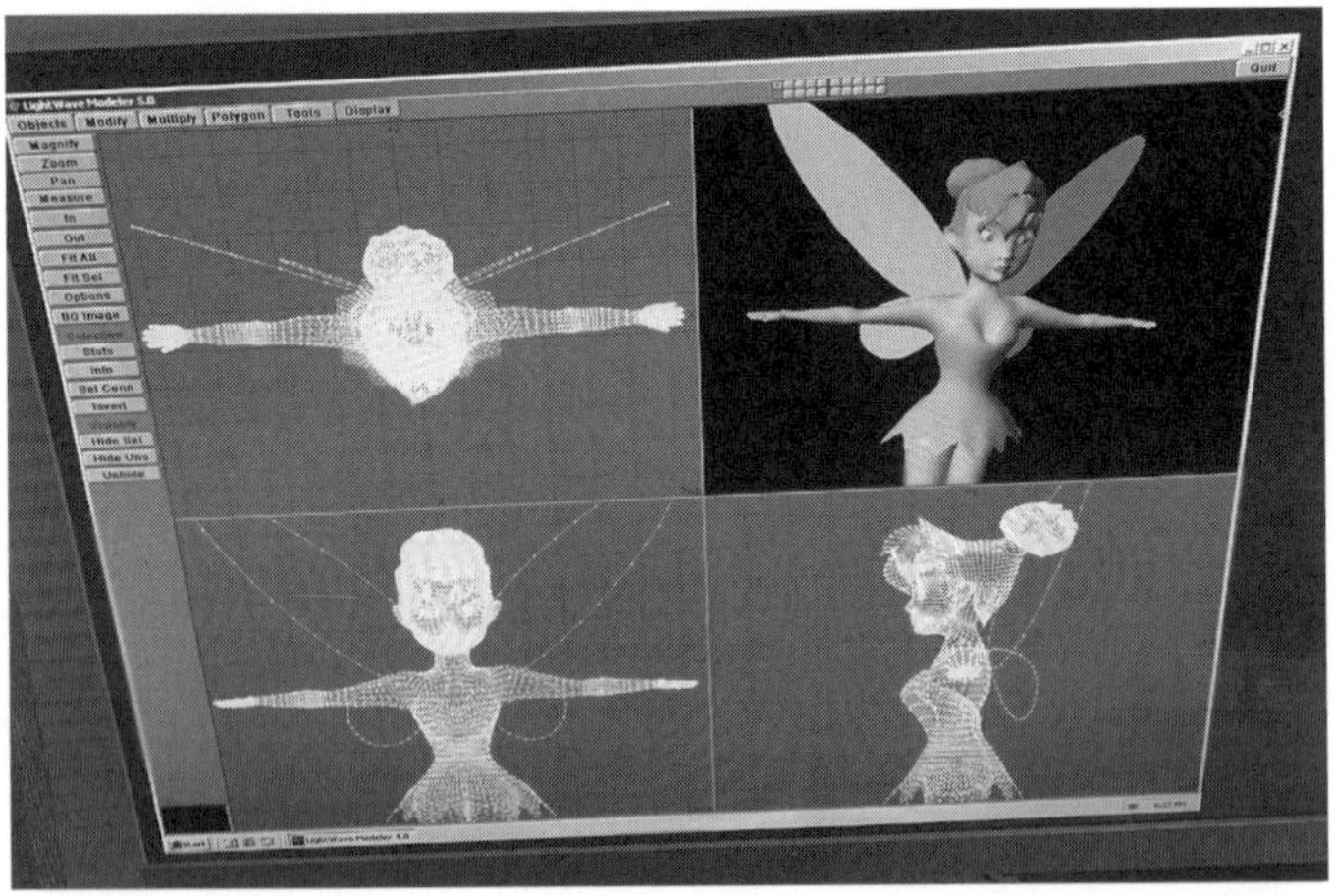

第1弾デモリール『Magic of Tinker Bell』制作画面。YouTubeで公開しているので、興味のある方はご覧いただきたい。これからCGアーティストを目指す人が見ればきっと「これなら自分もCG業界で食っていける！」と希望を持てるはずだ（https://youtu.be/LvlffcQ53_k）

れてから8カ月後、97年末にはショートムービー『Magic of Tinker Bell』が完成した。

今からすれば、それはムービーと呼べるような代物《しろもの》ではない。ソフトウェアの機能を使えるだけ全部使い、人を楽しませる配慮もまったくない、自己満足のかたまりだ。

それでも生まれて初めて、自分の手で映画を完成させたのである。アニメーションを作れることが楽しくて楽しくて仕方がなかった。完成した時には、これで世界を仰天させられると真剣に考えていた。

「ティンカーベル」を売り込む

『Magic of Tinker Bell』は完成した。次は、これを映画会社に売り込まねばならない。いったいどこに売り込めばいいのか。

実は、心当たりがあった。

まだ勉強を始めたばかりの97年8月初旬、ロサンゼルスでシーグラフ（SIGGRAPH）'97というCGの展示会が開催された際、私も参加してみたのだ。この頃ハリウッドVFX業界は最盛期にあり、シーグラフ'97の参加者は5万人のピークを記録している。ILMやピクサーといった有名CGスタジオが巨大なブースを構え、デモリールをバックパックいっぱいに詰め込んだジョブシーカー（求職者）が列を成す。まだショートムービーを完成させていなかった私は、焦りを抱えながら会場をうろうろしているだけだったが、会場で配られていたバラエティー紙（ハリウッドの有名業界紙）の特別号と、3Dデザイン誌の「Get A Job!」特集号を手に入れていた。誌面には、デモリールの送り先となるCGスタジオの住所や担当者、求職情報が満載だった。私はこれらの情報をエクセル上にまとめ、計44社にデモリールを送付することにした。

デモリールには、ショットリスト、レジメ、カバーレターという3つの書類を添付することになっている。書類がきちんとできていないと、デモリールを再生してもらうことすらできない。

ショットリストとは、自分がデモリールで何を担当したのかを説明するものだ。私の場合は、「すべて自分が作った。ただし、F－18戦闘機のCGモデルのみは購入した」という具合である。どのくらいの期間をかけたか、どんなソフトウェアを使ったのかも記述する。

レジメは履歴書のことだが、日本の履歴書とは異なり定型の書式がない。真っ白な紙に自分のセンスで職歴を記述する。新しい順に職歴を並べ、次に学歴、最後にスキルを書く。私の場合は、CGに関係する経歴がほとんどない。唯一関係しているのは、リバモア市のライトウェーブ3Dコースの1行だけで、あとはまったく関係ない職歴を並べざるをえなかった。国立大学を卒業して一部上場企業に就職したことなど、CG職の応募には何の役にも立たない。

デモリールに添付する書類で一番厄介なのが、カバーレターだ。カバーレターは志望動機を1枚の紙に簡素にまとめたもので、リクルーターはまずこれをチェックする。

だが、私にはCGに関して誇るべきものが何もない。専門の学校も出ていなければ、職歴もなく、ただ情熱があるということを伝えるしかない。書店でカバーレターの書き方といった書籍を買い込んで、何とか体裁は整えたが、英文の出来にもまったく自信がない。そこで失業者訓練センターに出かけていって、書き上げたカバーレターをアドバイザーに見てもらった。ありがたいことにアドバイザーは丁寧に見てくれたが、文章はほとんど訂正されてしまった。

この時に書いたカバーレターを改めて見直したところ、今になって致命的な間違いを発見した。1行目には、自分が何をしたいかを具体的に書くことになっており、私はここに

「3Dアニメーターになりたい」と書いていた。

これは大きな間違いである。CG業界で働く人をみんな「3Dアニメーター」と呼ぶと当時は思い込んでいたが、実際には「アニメーター」はモデルを動かすスペシャリストを指す。モデリングからライティング、レンダリングまで一通り何でもこなすと言いたいのであれば、「3Dジェネラリスト」と書くべきだった。

ともあれ、98年1月23日に、このデモリールが44のスタジオに発送された。

アメリカ式の履歴書とは

アメリカのレジメに書くのは、募集されている仕事をこなすために、どんなことを勉強して、どんな実績を積み、どんな技能・資格があるか、ただそれだけだ。生年月日、性別、趣味、労働ビザの有無すら書かないし（面接でビザがないとわかったら雇われないだけだ）、写真も貼らない。雇用の際、会社側が差別につながる情報を事前に知ることはタブーなのだ。アメリカの雇用は、基本的には正直（honesty）・信用（trust）に基づくシステム。どんな有名スタジオであっても、入ることはそれほど難しくない。レジメで経歴を誇張したり、極端な話、嘘をついたりすればいい。しかし、誇張や嘘で雇われても、スキルがなければすぐに露呈し、使い物にならないとして解雇される。その評判は狭い業界に広がって、噂が広まれば行き場はなくなる。重要なのは自分の技量、経験、能力を的確に表現し、技量に見合ったジョブに応募することだ。

もちろん、雇うCGスタジオ側も、求職者の言うことをすべて鵜呑《うの》みにするわけではない。よほど切羽詰まっていない限り、見ず知らずの人間のデモリールより、信頼できるスタッフの評価や推薦などを重視する。だから経験やネットワークのない新人が最初の一歩を踏み出すのはとても難しい。また誰かを推薦する側も慎重になる。知らない人を推薦し、その人が使えないと判明した場合、自分の信用に傷がつくからだ。

撃沈されたデモリール

やがて、デモリールを送付した先から次々と連絡が届く。

最初は、『スター・ウォーズ』のパペット・アニメーションを手がけたことで有名なティペット・スタジオ。消印は1月25日である。そして、ディズニー、ソニー、ILM、ピクサーと名だたるスタジオからの郵便が届く……のだが、すべて「デモリールを受け取りました」と書かれたただの受領確認メールである。これから評価を始めるので、結果が出たら、あるいは気に入ったら連絡するという内容だ。ちなみに現在は受領確認など絶対にない。応募者の数が天文学的だからである。気に入られた応募者にしかレスポンスは送られないのだ。

3月までには、ほとんどの結果が判明した。

細部は異なるが、送られてきたのは、次のような定型レターだ。


“Unfortunately, we do not have a position available at this time which matches your

set of skills."
(残念ながら、現時点ではあなたのスキルに合致するポジションがありません)
デモリールは半年取っておいて、ポジションに空きが出れば、連絡するということだが、まず望みはなさそうだ。
砕けた調子のレターもあった。

"Hey there Animator, Thanks for sending us your stuff, but we're afraid that it's just not working for us. Good luck, though."
(アニメーターさん、作品を送ってくれてありがとう。でも、私たちの会社には合わないかな。それはともかく幸運を祈ります)

しかし、脈のありそうな電子メール(この頃は電子メールは公式連絡にはあまり使われず、通常の郵便が一般的だった)も3通受け取った。
ひとつはファウンデーション・イメージング社のアニメーション・スーパーバイザーか

らのメール。ライトウェーブ3Dを使いこなして特殊効果を作ることで有名な会社で、当時は『スタートレック：ディープ・スペース・ナイン』『スタートレック：ヴォイジャー』などを手がけていた。メールのタイトルに「Good Reel!」と書かれていたので、胸が躍った。内容は、「今日リールを受け取った。とてもクール。次の数週間でアニメーターを何人か雇うので、その候補にする。新しいものができたらまた送ってくれ」。だが、その後連絡はなかった。

映画『トータル・リコール』の特殊効果部門でアカデミー賞を受賞したメトロライト・スタジオ社からも長いメールが来た。

「今日リールとレジメを受け取りました。こんな短期間でよくここまで作ったわね。ティンカーベルもとってもいいわ。明らかにこの仕事に向いているようね。でも残念だけど今は人を増やしていないの。それにうちはSGI／UNIX 100％のスタジオでマヤを使っていて、ライトウェーブは使っていないの。しかし才能があるようなので道具は問題ではないし、引き続き、また素晴らしい作品ができたら送ってね」

そして、第一志望のディズニーからだ。メールには、「リールを評価するには、著作権などの同意書の提出が必要なので送ってくれ」と書かれており、脈ありだと期待したのだが、ディズニーはどんな提出物を見る際にも必ず同意書の提出を求めているということを少しあとになって知った。

驚いたことに、デジタルドメインからは、直接電話があった。私は不在だったため、担当者の「リック」宛に折り返して連絡してくれということだったのだが、どうも会話がスムーズにいかない。だいたい電話で話している相手が、「リック」なのかどうかもわからない。電話の向こうからは、愛想を尽かされたような空気が伝わってきて、それきりになってしまった。

何かしらのレスポンスがあった相手には、継続的にアプローチするのが鉄則なのだが、当時はそんな知恵も度胸もなかった。相手からすれば、「本気じゃなかったのか」と思われても仕方ない。

そうそう、とてもよいレスポンスが返ってきたスタジオが1社だけあった。デモリールを発送してまもなく電話があり、すぐにでも働いてほしいという。ロサンゼルスに出向いて面接を受けたのだが、所在地は治安のよろしくないダウンタウン東のはずれ、高架下の騒々しい場所だった。その会社が手がけた作品は、どれも聞いたことのないB級映画ばかりで、若いライトウェーブ3Dスタッフが数名、何日も寝ていないような顔で働いていた。

低賃金でこき使われているのが目に見えていたので、こちらからお断りさせてもらった。

こうして第1回目のチャレンジは徒労に終わった。

『エヴァンゲリオン』にハマる

今、当時の行動を反省してみると、何がまずかったのかがよくわかる。

「押しの弱さ」と「ジェネラリスト志望なのに、アニメーター志望と書いたこと」だ。デモリールを見直してみると、ティンカーベルのモデリングはひどいが、それでもライティング、コンポジティング、モデリング関連のジュニア職志望なら、違った結果になっていた可能性はある。

しかし当時の私は、全体の出来の悪さが敗因だと決めつけていた。

もっとインパクトのある、すごい作品を作れば、きっと採用されるはずだ――。

とはいうものの、連日連夜作品制作に没頭していたので、少しは気分転換したい。日本の映画やドラマを置いている日系レンタルビデオ店にふらりと入ってみた。

目に留まったのが、『新世紀エヴァンゲリオン』である。

この頃『エヴァンゲリオン』のブーム第一波も一段落していたが、日本で話題に上っていたことは知っていた。

いつの頃からか「旬のもの」は避けるのが自分の生き方と考えるようになった。人が騒いでいることに対しては無関心を装い、違うことをやろうとする。ブームに乗るのは、自分が世間に埋もれてしまうような気がしたのである。

しかしながら『エヴァンゲリオン』に関しては一時のブームではない、普遍的なものを感じたし、キャラクターデザインにもぐっと心を摑まれた。

もともと、アニメは嫌いではない。子供の頃に『宇宙戦艦ヤマト』や『銀河鉄道999』『ガンダム』など一通りのものを見たし、宮崎駿監督作品も大好きだ。高校生の時には、絵具で彩色したメーテルやクラリスのイラストを、数十枚の年賀状1枚1枚に描いて友人に送りつけたほどである。

高校生の時の手描き年賀状

そのレンタルビデオ店で『エヴァンゲリオン』のビデオを全巻借り、一気に見る。それからしばらく、私はずっぽりと『エヴァンゲリオン』にハマってしまった。サンフランシスコのジャパンタウンに通って、CDやグッズを探したり、紀伊國屋書店で定価の倍の値段が付けられた書籍を買いあさったりして、「人類補完計画」の探求に明け暮れたものである。

これだけハマった作品は、当然のことながらCGにしたくなってくる。第2弾のデモリールは、『エヴァンゲリオン』に決まりだ。

「「アスカ・ラングレー」を生き生きと動かす」

『エヴァンゲリオン』情報をあさっているうち、メディア・ジャグラーという渋谷のCGスタジオがライトウェーブ3D用『エヴァンゲリオン』データ集を発売することを知った。このデータ集の中には、エヴァ初号機と使徒サキエル、第三新東京市の簡易モデル、それに第1話の一部シーンを再現したアニメーションも入っているという。

幸運なことに、2月には一時帰国することになっていた。日本に着くなり私はメディア・ジャグラーを訪れ、社長の飯田氏に事情を説明して、まだ発売前だった『エヴァンゲリオン』データ集を購入した。アメリカに戻るのが待ちきれず、帰りの機内でノートパソコンにデータ集をインストールして動かしてみると、後ろの席から驚きの視線で見られているのを感じた。

1998年3月、再びCGに没頭する日々が始まった。

当初は、メディア・ジャグラーのデータ集に含まれるチュートリアルを参考に、すべてのモデルを自分で作るつもりだったが、いざ始めてみると想定している以上に時間がかかる。

モデリングなんて時間さえかければ誰がやっても同じなのだから――この考えが完全に間違っていたことを後に知ることになる――データ集に収録されていたチュートリアル用モデルはそのまま使わせてもらうことにした（もちろん、メディア・ジャグラーの許諾は得たし、ショットリストにもメディア・ジャグラーが作ったモデルは明記した）。

この時はまだCGの職種について勘違いしたままで、一貫したストーリーと動きが重要だと考えていた。何より、7月のシーグラフ'98までそれほど時間があるわけではない。第1弾のデモリールは8カ月かかったが、第2弾ではそれよりもずっと高度なことをやろうとしているのだ。

第2弾のデモリール『エヴァンゲリオン』の主人公は、弐号機パイロット、惣流《そうりゅう》・アスカ・ラングレー。キモとなるのは、顔のモデリングだ。前回のティンカーベルのモデルはあまりにも稚拙だったからそのリベンジをしたいし、エヴァンゲリオンには惚れ込んでいたから、いい加減なことはできない。

現在であれば、さまざまなツールが充実しているから自然な人物モデルを作ることは造作もない。しかし当時のライトウェーブ3Dで、人間の顔のモデルを作るのは至難の業《わざ》だった。

だからこそ、やりがいがあるし、うまく作れれば間違いなく高く評価されるはずだ。

では、どうやって作るか。

ライトウェーブ3D上のモデリングでは、顔の微妙なラインを描くのが難しい。それなら、良い出来のフィギュアを参考にすればよいのではないか。

そう考えて、実は2月に帰国した際、秋葉原でアスカのガレージキットを買い込んでおいたのである。フィギュアの立体形状をパソコンに取り込むためには、3Dスキャナを使う。プロ用の3Dスキャナは高価だったが、当時ローランドが「PICZA（ピクザ）

ＰＩＸ－３」という製品を１２００ドルで販売していた。この価格で３Ｄスキャンができるようになったのは画期的だった。

ピクザは、今のようにレーザーやカメラを使うのではなく、対象物を微細な針でなぞりながら、形状を測定していく。測定されたデータは、ライトウェーブ３Ｄ上で雲のような点の集合体として表示されるので、これを参考にしながらモデリングを行っていく。ゼロから顔をモデリングするよりも、格段にアニメ本編に近いアスカの顔がパソコンの画面上に描かれていく。

この頃ＣＧソフトウェアを使ってオーガニックなモデル（人間も含めた生物）を作るのは非常に難しかったのだが、それを実現できた嬉しさはひとしおだった。

だが、作らなければいけないのは、アスカのモデルだけではない。

デモリールでは、アスカ操る弐号機が使徒サキエルと格闘するシーンを見せたいと考えていた。エヴァ初号機とサキエル、マシンガン、拘束具、操縦席シートは、データ集に収録されているモデルをほぼそのまま使わせてもらい、弐号機は初号機を改造して作成。ビルや道路はデータ集のモデルにディテールを追加した。エントリープラグや格納庫、高速道路や、崩壊するビルなどは一からモデリングを行った。アニメーションについては一部データ集のシーケンスを使ったが大半は自前で、テクスチャリング、ライティング、エフェクト、レンダリング、コンポジットなども自分でやった。

データ集に助けられたとはいえ、とにかくやらなければいけない作業は膨大にあった。

第2弾のデモリール『エヴァンゲリオン』は、98年3月に制作を開始し、9月初旬に完成した。シーグラフ'98は7月にフロリダのディズニーワールド近郊で開催されたが、残念ながらこちらには間に合わなかった。

それでも、30社にデモリールを送付し、11月まで祈るように結果を待った。

「CGスタジオの面接」

自信作だった『エヴァンゲリオン』をテーマにした第2弾デモリールに対する各社の反応はどうだったか。

結果からいえば、完敗だった。だが、次につながる感触は確かにあった。

例えば、第1弾のデモリールに対して、あるスタジオが次のような返事を送ってきたと先に述べた。

「アニメーターさん、作品を送ってくれてありがとう。でも、私たちの会社には合わないかな。それはともかく幸運を祈ります」

第2弾のデモリールに対して、同じ会社が送ってきたメールの内容は、大まかに次の通りだ。

「あなたがこのメールを受け取ったのは次の2つの理由のいずれかによるものです。1．今は残念ながら誰も採用していない。2．あなたは確実にポテンシャルがあるが、もう少しだけ磨きが必要。ちなみにこのメールは過去3年間の800近い応募の中で、50人にしか送られていません。ですから引き続き新作ができたら送ってほしい」

前回の内容から、ずいぶん出世している。もう少し頑張ろうという気になろうというものだ。

俄然やる気になったところで、12月2日にロサンゼルス・コンベションセンターで開催される、第1回DCC（デジタル・コンテンツ・クリエーション）カンファレンスに参加することにした。このカンファレンスは、ライトウェーブ3D開発元の主催するニューテック・エキスポ98を吸収する形で開催されるということもあり、ライトウェーブ3Dユーザーとしては見逃せない。

今でもはっきり覚えているが、基調講演が始まる前に映し出されていた映像は、著名ライトウェーブ3Dアーティスト、タロンによって作られた人の目のアップだった。瞬きを繰り返している涙目の映像なのだが、実にリアルで、ライトウェーブ3Dだけで作られたとはとうてい信じられない。自分が作った「アスカ」とは、まったく次元が違う。正直いって、大変なショックを受けた。

CGの技術もまだまだ、英語もおぼつかない自分が、CGアーティストとしてアメリカで働くなんてとても無理なのではないか……。

そう思っているうちに、ライトウェーブ3Dの大御所、エース、エース・マイルズとタロンによる基調講演が始まった。エースは、当時アタリゲームのシニア・アニメーターでサンフランシスコのアカデミー・オブ・アート・カレッジ（CG関係の学位を出す有名な専門学校。ピクサー社から来ている講師も多い）の講師も務めていた。

基調講演の終わりに、聴衆からの質問に答えるコーナーがあり、私も一番気になっていたことを紙に書いて係員に渡した。何百人という聴衆の中からエースがピックアップした質問の1つが、私の書いたものだった。

「私は英語が得意じゃないけど、スタジオでやっていけますか？」

エースは「これはたまげた質問だ」といわんばかりのリアクションで答えた。

「そんなのまったく問題ないさ。映像を作るのに言葉はいらないよ！」

そう、まずは英語ができなければアメリカでは仕事ができないのでは、と心配しているのは広い世界でも日本人くらいだ。他の国の人たちは本当にたくましい。でたらめな英語で、ところかまわず自分の意思を通そうとする。うまく会話しようなんてまるで念頭にない。ただ自分がやりたいことを押し通すだけだ。アメリカ人でも英語を話せない人は少なくないし（スペイン語や中国語のみの人が多い）、だから外国人が英語をうまく話すことなんて期待されていない。

エースの言葉は、私の背中を押してくれた。

ちなみに、エースはその後大道芸人になった。サンフランシスコの観光スポット、ピア39でキャプテン・ジャック・スパロウに扮し、日々観光客を楽しませている。

実は、私がDCCに参加した最大の目的は、面接を受けることだった。開催前日、先着順で面接に申し込むことができ、12月3日に3つの会社の面接を受けることになっていたのである。

まず1社目は、スタートレックTVシリーズのVFXで有名なファウンデーション・イメージング社だ。VFXスープ（VFX業界ではスーパーバイザーのことを「スープ」という）に見せて、いい反応だったとおぼろげに覚えてはいるが、内容はまったく記憶がない。

2社目は、憧れのウォルト・ディズニー社。こちらも担当者の反応はとてもよかったが、求めているのは（デジタル・コンポジットソフトウェアの）アフターエフェクツのアーティストということで、マッチングせず。

3社目は、ステーションXスタジオである。白いカーテンで仕切られた簡易ブースに入ると2人の面接官が座っていて、1人の顔には見覚えがある。私が穴の空くほど読み込んだ、ライトウェーブ3Dのチュートリアルブック、まさに私にとってのバイブルの著者、アラン・チャンその人であった。もう1人は、現ピクサーのテクニカル・ディレクターであるフランク・アールバーだ。

デモリールを見終わったあと、彼らは「これ全部自分で作ったの?」と尋ねてきた。モデルの一部は違うが、あとはすべて1人で作ったと答えると、2人は顔を見合わせ、うなずき合った。ビザの話になり、グリーンカードが取れたら連絡するということになって、2人の名刺を受け取った。

これでCGアーティストとして、映画作りに参加できる!

嬉しいことは続くもので、DCCの会場でリチャード(57ページ参照)と再会した。彼も私と同じくステーションXの面接を受けていたのだ。彼の誘いで、ライトウェーブ3Dユーザーグループのパーティに参加し、デモリールを参加者同士で見せ合うことになった。リチャードのデモリールは『マクロス』に登場する可変戦闘機バルキリーと実写の合成だった。ロスの市街地でバルキリーに追われ逃げ回るリチャード。バルキリーのモデルはよくできており、彼の演技もなかなかだ。

一同のデモリールが一通り再生されたあと、誰かが「お前のも見せてみろよ」と私をけしかけてきた。正直、見せたい気持ちもあったが、どう反応されるかも怖くて、黙って座っていたのだ。

だが意を決して、自分のデモリールをVHSデッキに挿入した。上映中はドキドキし通しだったのだが、再生が終了すると周りの人間は唖然としていた。その場にいたＣＧスタジオの社長から、「お前を採用する！　明日から来い！」と冗談交じりで言われたほどだ。いや、その時は冗談だと思ったのだが、本気だったのかもしれない。アメリカでは、こうやって採用が決まることも珍しくはなかった。

その後、リチャードはステーションＸスタジオにめでたく入社を果たした。

グリーンカードを待つ

さて、私のほうだ。

外国人がアメリカの会社で働くには、ビザが必要になる。

一般的には、雇用主となる会社から、Ｈビザという就労ビザを国に申請してもらう。ビザを申請するにはお金も時間もかかるから（弁護士を雇わなければならず、それでも取得に半年程度はかかる）、会社からすれば同じスキルなら、ビザが不要な人間を雇いたい。アメリカ国籍を持っている人間のほうが圧倒的に雇われやすく、ビザが必要な外国人はよほど優秀でない限り選ばれない。

仮に、会社のサポートでHビザを取得できたとしても、滞在期間は通算最長で6年間。当時はビザの有効期限が切れたらすぐにアメリカを離れなければならず、海外に出て1年待たないと再度Hビザの申請もできない。

私の場合は、勤め先の会社がスポンサーとなってHビザを取得しアメリカへやって来ており、この時点であと1年しかアメリカにいることができなかった（ちなみに駐在員が一般的に取得するL関連企業内派遣ビザを申請しなかったのは、オフィスが新規設立であり Hしか選択肢がなかったからだ）。仮にステーションXがHビザを出してくれても、1年程度で一旦帰国しなければならなくなる。もう1つ、実質的に無期限のO卓越能力者ビザを申請するという選択肢もあるが、特殊技能者を証明できるほど実績もスキルもなかった。ましてや、そんなビザのサポートを頼んだら、それならいらないと言われるかもしれない。絶体絶命のピンチであったが、運命は私に味方した。

本当にラッキーだったのは、私は6年以上の勤務を望まれていたことと、私が勤めていた米国オフィスが「駐在員事務所」であり、法人格を持っていなかったことだ。法人格（資本金を投下）を持った勤め先であれば事実上期限のないE投資家ビザを申請するのが通常であるが、それができない。あとはグリーンカードという選択肢しかなく、まさしくそれを申請中だったのである。

HやO、Eビザなどはあくまでも一時滞在の許可証であり、申請した会社でしか働けない。だが、グリーンカードは、滞在許可証ではなく永住権であり、どこの会社でも自由に働くことができる、まさに「夢のパスポート」なのだ。グリーンカード取得後、5年間問題を起こさず滞在できれば、アメリカの市民権を申請することもできる（申請せずに移民のままでいてもよい）。

移民と市民の違いは、参政権の有無、徴兵の有無、相続税などの課税優遇の有無などでそれ以外遜色はない。しかし、夢のパスポートだけに取得までの道のりは長く、険しい。取得方法は3つあって、毎年1回行われる抽選に当たる、アメリカ人と結婚する、企業スポンサーを探す、のいずれかだ。

企業がスポンサーとなってグリーンカードを取得する場合だいたい2年かかるのだが、いくつかの特例を駆使すれば期間はかなり短縮できる。第2弾デモリールの制作が佳境だった1998年8月にはすでに必要な申請を行っており、予定では99年の夏までにはグリーンカードを取得できる手はずになっていた。ステーションXの面接は98年12月だったので、頼み込めばなんとか数カ月くらい待ってもらえるのではないか——。

第3弾デモリール『エメラルダス』

毎日、ビザセンターに電話してはプロセスの進行状況を確認していたが、あと数カ月という状態からなかなか進まない。

ステーションXのアラン・チャンには何度か電話して状況を報告していたが、さすがに4カ月を過ぎるとステーションXのオファーにすがりつくのも限界だと感じた。その他の会社についてては全滅しているから、もう一押しが必要だ。

けれど、デモリールを作るのは本当に骨が折れる作業である。家族の迷惑を顧みず、何カ月も部屋に閉じこもり、成功の保証もない努力を続けないといけない。

過去2回、2年間費やした努力は報われなかった。グリーンカードが取得できなかったことで、やっと摑めそうなチャンスも逃してしまった。

もう限界だ。

だが、もう1回だけ、最後にもう1回だけチャレンジしよう。

ターゲットは8月に行われるシーグラフ'99だ。

そう心を決めたのが、1999年4月のことである。

最後のチャレンジとなるからには、悔いの残らないようにしたい。見た目のインパクトも、技術的にも、採用担当者が唸るものを作るのだ。

何か使えそうな題材はないかと、自分の周りにあるものに目を凝らし、面白かった映画やアニメを記憶から引っ張り出す。

当時5歳だった息子が見ていたのが、幼児向けのニコロデオン・チャンネルで放映されていた『ラグラッツ』というアニメだ。この番組に出てくるキャラクターたちに興味が湧いた。

そういえば、1年半ほど前に観たハリソン・フォード主演の映画『エアフォース・ワン』にも感銘を受けた。あの映画に出てきた飛行機はぜひ使いたい。

あとは、松本零士原作のアニメ『クイーン・エメラルダス』なんてどうだろう。顔に大きな傷痕のある女海賊エメラルダスはキャラクターとして魅力的だし、彼女の駆る飛行船型宇宙船「クイーン・エメラルダス号」は、ビジュアル的なインパクトもすごい。

クイーン・エメラルダス号がエアフォースワンを発見。艦橋にはエメラルダスと、その子分たちであるラグラッツたち。彼らが「エアフォースワンを捕まえるぞ!」と大騒ぎする――。

ストーリーは支離滅裂だが、ビジュアル的にはいけそうだ。

また、今回はこれまでにない試みとして、アフターエフェクツを使おうと考えた。あのディズニー社の面接で苦汁をなめるはめになったデジタル・コンポジットソフトウェアである。

モデリングのために、キャラクターのフィギュアをトイザらスで買い集め、3Dスキャナで形状をデータ化していく。当時の最新CPUであるペンティアムⅢ 500MHzを2個と、デュアルCPU対応マザーボード（1枚のマザーボード上に2つのCPUを搭載する）を買ってきて、メインパソコンを組み立てる。これで準備は完了だ。

主人公エメラルダスのモデリングから始めたが、想定以上に時間を取られたため、他のキャラクターも作ってアニメーションを付けるのは難しいかもしれない。ならば、キャラクターが出てこない場面から先に仕上げて、時間に余裕があれば、艦橋内のキャラクターアニメーションのショットを挿入しよう。

過去2つのデモリールは、すべてライトウェーブ3D上で最終的なイメージを作り込んでから、レンダリング処理を行った。しかし、今回はデジタル・コンポジットソフトウェアのアフターエフェクツを使うので、レンダリングはコンポーネント（要素）ごと行うことにする。つまり、飛行機のみ、雲のみ、海のみという具合に1つの絵を構成する要素を別々にレンダリングし、アフターエフェクツを使って最後に合成するのである（実際にはモデル単位ではなく、色のみ、影のみ、反射のみなどさらに細分化してレンダリングする）。

これは映像制作プロダクションで一般的に行われている方法だ。すべてが入った1枚のイメージをライトウェーブ3D上でレンダリングするより、結果的に作業時間を短縮できる。

結局キャラクターアニメーションを作るまでには至らず、飛行機のみとなったが、ともかくにも全精力を注いだ。

1999年8月、デモリール第3弾『エメラルダス』が完成した。

「シーグラフ'99での出会い」

シーグラフ'99は、8月8日から5日間、ロサンゼルス・コンベンションセンターで開催された。仕事の都合があり、私が出席できるのは10日と11日の2日間だけであった。シーグラフに参加する目的はただ1つ、自分の売り込みである。バックパックにデモリールのビデオテープを詰め込み、各プロダクションのブースを回って担当者に手渡しをする。

この2日間で、なんとしても採用を勝ち取らなければならない。

ILMやソニー・イメージワークス、ドリームワークス、PDI、ディズニー、デジタルドメイン、R&H……。私にとって夢の企業が会場の真ん中に大きなブースを構えている。シーグラフの会場にはその他400社近い関連企業ブースがところ狭しと並んでいた。また展示会併設のジョブフェアーには、38社が参加していた。本会場にブースを持てない中小スタジオが、人材の発掘目的で参加しているのである。

その後デモリールはDVDを経てYouTubeが主となっていくのだが、当時はVHSテープなのでバックパックに30本も入れると相当に重い。このバックパックを背負ってブースを回ると、脚がパンパンになる。

各社ブースの受付には、私と同じような求職者が長蛇の列を作って並んでいる。人気プロダクションだと、1時間待ちは当たり前。自分の番が回ってきたら、その場で作品の写真（当時動画を持ち歩くことは不可能だった）を見せて、やりたいこと、経歴などを手短に説明する。リクルーターが気に入れば、すぐにブースの裏に連れて行かれてＶＨＳテープを再生しながらの面接となる。そうでなければ、担当者はデモリールを受け取って、「後ほど連絡します」という具合だ。

いくつかブースを回ったが、まったくの空振りだった。

ＩＬＭのブースは、16年ぶりに公開された『スター・ウォーズ エピソード１』一色で大盛況だった。１時間以上待たされ、ようやく担当者に会えたものの、やり取りはわずか1分で終了し、ナブー・スターファイターのポスターと「チームＩＬＭ」と書かれたＴシャツを渡され、門前払いされた。

重い足を引きずってホテルに戻った時、突然携帯が鳴った。かけてきたのは、ＰＤＩ、現ドリームワークスの担当者である。会場近くのホテルの一室で、翌日面接をしたいという。

すっかり舞い上がってしまった。なにせＰＤＩといえば、あの『シュレック』を作った超メジャースタジオである。

翌日、私は極限の緊張状態のまま、ホテルに向かった。

面接会場であるホテルのスイートルームに入り、受付を済ませて待合室に入る。部屋に置かれたソファーには、アジア人らしき男性が、やはり緊張した面持ちで座っていた。

おそるおそる彼に声をかけたところ、日本人であった。

彼の名前は原島朋幸、後にアニメーターとしてピクサーに入り、『トイ・ストーリー4』などを手がけることになる。当時は日本のセガなどで活躍するアーティストだった。

毎年シーグラフでは、参加者による映像コンテストが開催される。世界中からCG作品がエントリーし、優秀作品は通称「エレクトリック・シアター」で上映される。

シーグラフ'99は、原島君の作品が上映作品の1つに選ばれていた。CG業界で働く

活気あふれるシーグラフ'99会場　写真提供／鈴木裕史

人間にとって、これは大変な名誉である。彼が在籍していた日本のCG専門学校デジタルハリウッドは、記念誌を発行したほどだ。

彼も私と同じくハリウッドで働こうとシーグラフに来ていたが、結局、2人ともPDIの面接では採用に至らなかった。

この面接のあと、原島君は裸一貫で米国に引っ越してきた。アメリカで働くためには英語の習得が絶対条件と彼は考え、英語学校に通ったあと、サンフランシスコにあるアカデミー・オブ・アートでアニメーションの修士課程を卒業した。そして、PDIの面接から7年経った2006年、彼は見事にドリームワークスに入社することになる。

PDIの面接が終わったあとも、原島君とは家族ぐるみの交流が続いた。彼はサンフランシスコの北の町でホームステイをしていたので、時々シリコンバレーの自宅に呼んで食事を楽しんだ。

「挫折と父の死」

8月11日にPDIの面接を受け、半月後の27日に、PDIのリクルーターであるデイナから電話連絡があった。受け取ったはずのデモリールのビデオテープが見つからないので再度届けてほしいという。勤め先のあるロスアルトス市から、PDIのあるパロアルト市までは車でわずか5分の距離なのだが、自分には手の届かないとても遠い存在だった。

何度かデイナとやり取りをし、9月終わりの電話で「もう1つ新しいのが見たい。できたらまた知らせてほしい」と言われた。

つまり、第3弾のデモリールも空振りだったのである。この3年間大変な努力をしてきたが、それも結局実らなかった。精も根も尽き果てた。

そして、10月20日。日本に住む義理の弟から電話がかかってきた。

「お父さんにガンが見つかった。おそらく余命1カ月」

翌日、日本へ飛んだ。

父にガンを告知するかどうか家族で話し合い、結局話さないことになった。私がアメリカに戻る数日前に父の外出許可が出て、父は久しぶりに病院から自宅に帰ってきた。

腰が痛いというので、ぎこちない手つきでさすった。何十年かぶりに父の体を触ったが、悲しいほどに痩せ細っていた。

いきなりアメリカから帰ってきた私に、父は「どうして帰ってきたのか」と疑心暗鬼に聞いてきたが、「入院したと聞いて心配したし、グリーンカードの手続きもあったから」と嘘をついた。

しかし父自身も、これが私と会う最後だと予感したのではなかったか。

アメリカに帰る日、父はタクシーに乗った私を門まで送りに出て来てくれた。私が手を振ろうとした瞬間、父の目が真っ赤に潤んだ。

あの瞬間を、私は一生忘れないだろう。

いったん帰米したものの、「もう長くない」との知らせを受けて、13日後、また日本に飛んだ。

1999年11月17日、父は他界した。まだ67歳だった。

子供の頃からずっと自分は一人で好きなことをし続けてきた。父という存在は、自分の中で決して大きなものではないと思っていたが、それは間違っていた。

何か大きな目標が消えた気がした。もうパソコンに向かう気力は一粒の涙の量もなくなっていた。

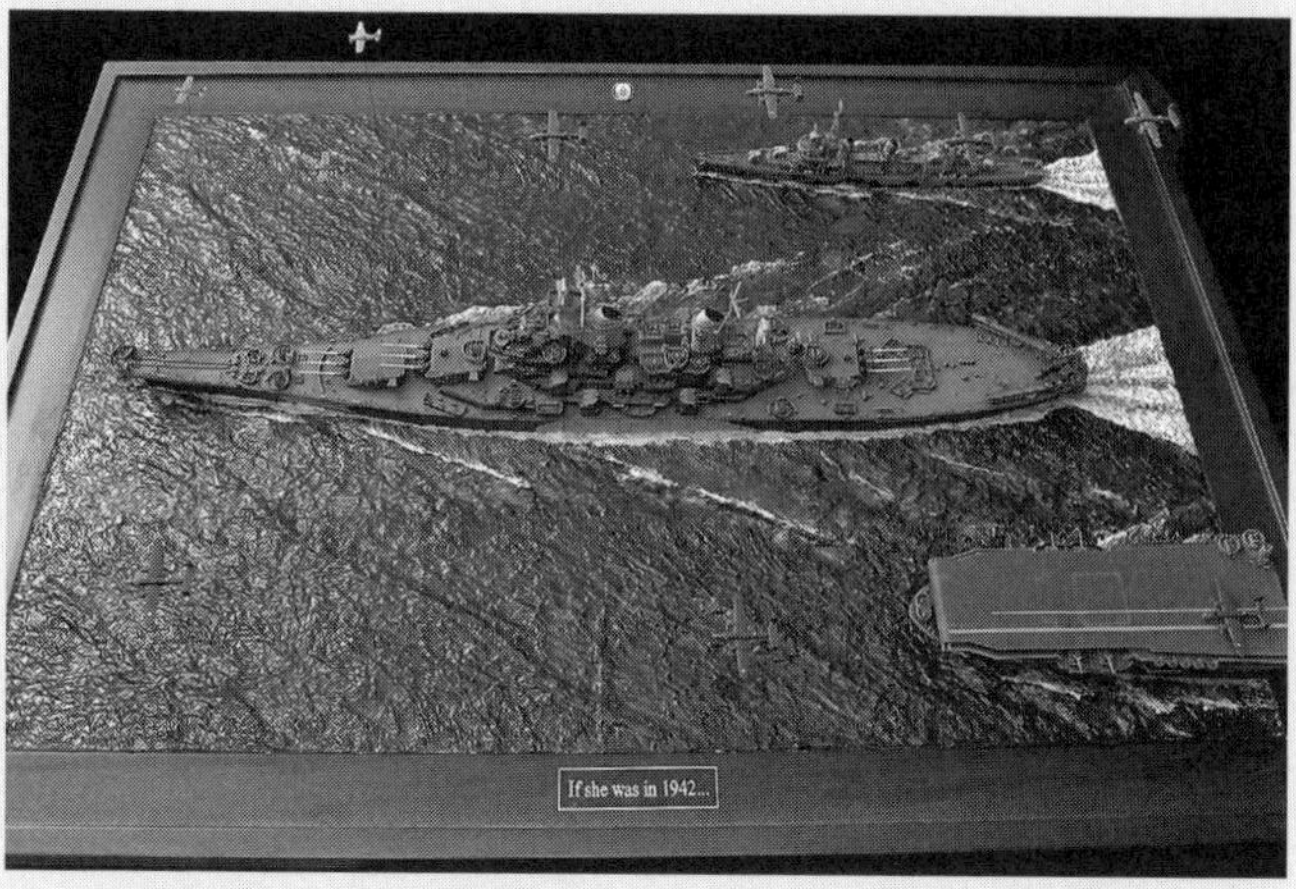

第4章 プラモデル全米チャンピオン

写真：ミズーリジオラマ サイズ 90cm×60cm

「プラモデラー」になる

もう少しでCGスタジオに採用されそうだったのに叶わなかったことと、父の死に打ちのめされ、しばらくは仕事もCGもまったくやる気がしなくなった。

実は、父が他界して10日後に長女が生まれた。義理の母が長期に来訪してくれ、いろいろ手伝ってくれたが、やはり妻は乳児の世話にかかりきりで、長男の世話は私の担当になる。3年間、長男の世話は妻に任せきりだったので、どう触れ合っていいのか正直戸惑った。そうだ自分が子供の時に夢中だったもので遊ぼう。まずはスター・ウォーズのマイクロマシン（結構精巧な子供用アクション玩具）を買い揃えたりしたが、ふと自分が子供の頃夢中だったアニメを見せたくなった。

私にとってのアニメの原点といえば、やはり『宇宙戦艦ヤマト』だ。レンタルビデオ屋でまとめてビデオを借りてきて、息子と一緒に鑑賞し始めた。

3年の間、先端のCGノウハウ、スキルをマスターしようと、身も心も削ってきた。熱中している間はそれが苦痛だと感じていなかったが、やはり心身に負担をかけていたのだろう。締め切りに焦らされることもなく、息子とのんびりアニメを観ていると、全身の疲れがほぐれていくように感じた。

心穏やかな、そんな生活が半年ほど続いた。

十分にリラックスすると、次第に「作りたい」という欲求が湧いてきた。プラモデルにハマっていた中学生の頃のように、テレビ画面の「ヤマト」に触りたくて仕方がない。

そういえば、サンフランシスコのジャパンタウンにあるアニメショップには、「ヤマト」のかなり大きなプラモデルが展示されていた――。自宅から車で40分ほど走ったところにあるジャパンタウンはこの頃少しうら寂れていたが、アニメショップは熱気あふれるアメリカのアニメオタクのおかげで活気を呈していた。

いったん気になり始めると、もう止まらない。気づくと、大きな「宇宙戦艦ヤマト」のパッケージを両手に抱えていた。

巨大な「宇宙戦艦ヤマト」を完成させても、「作りたい欲」はなかなか収まらない。雪崩《なだれ》のように、プラモデル作りにハマっていった。37歳の出戻りプラモデラー誕生だ。

『宇宙戦艦ヤマト』の次は、『機動戦士ガンダム』である。

大人のマニア向けに作り込まれた「パーフェクトグレード」の「ガンダム」と「ザク」

の2体を買い込んだ。1体150ドル也。

最初のうちは制作に息子も巻き込んでいたのだが、気づかないうちに自分だけでプラモデル作りに没頭していた。

『機動戦士ガンダム』の次は、ミリタリーものだ。300ドルもするタミヤの1／350スケールの空母エンタープライズ、そして、1／35MM（ミリタリーモデル）戦車シリーズ、1／32エアクラフトシリーズと突き進んだ。

中学生の時は塗装も筆塗りだったが、金に物をいわせて、高価なエアーブラシ一式を大人買いだ。プラモデルのディテールを増すため、サードパーティから発売されている高価なアップグレードパーツ類も買い込んだ。

日本に出張するたび、帰りのスーツケースは『月刊モデルアート』などの雑誌やグンゼ産業のペイント、プラモデルのキットで一杯になっていた。

「プラモデル魂に火が点く」

そんなある日、パロアルト市の隣町、マウンテンビュー市の大型ホビーショップをぶらぶらしていると、入口の張り紙に目が留まった。

地元のシリコンバレー模型クラブがコンテストをやるというのだ。米国にはIPMS（International Plastic Model Society）と呼ばれるプラモデルファンの全国組織があり、全米各地にその支部がある。その支部が年に1回、コンテストを催しているのである。

こちらは小学生の頃からプラモデルを作ってきているし、プラモデルは日本のお家芸だ。最近はエアブラシも使いこなすし、ディテールにも凝っている。地元のプラモデルコンテストなら、優勝とはいわずともけっこういい線いくのではないか——。

2001年2月24日に開催されたコンテスト「キックオフ・クラシック2001」の会場は、サンタクララ市の公民館だった。簡易テーブルが会場狭しと並べられ、ざっと500点あまりの模型が飾られている。

作品はジャンル、スケール別に分類されて展示され、厳格な基準で審査される。IPMSが策定した審査基準は全部で十数ページにも上り、基本は減点方式だ。パネルの隙間があればマイナス1、接着剤が出ていたらマイナス1という具合である。このコンテストでは、出来栄えなどのアート性より、技術性を重視していた。

私は戦闘機と戦車のプラモデル、計2点を持ち込んだ。戦闘機は、ハセガワの1／32スケール　F－16ファルコン。『モデルアート』誌に掲載されていた1／48キットの改造例を参考に、F－16Aだった元製品をF－16Bに改造。パネルライン（パーツ表面に入っているライン）をスクレーバーで彫りなおし、エッチングパーツ（金属板と樹脂を用いたパーツ。おもに薄くて形状の複雑なパーツを再現するのに使う）を追加したりと、かなり手をかけた自信作であった。

結果は、惨敗である。何の賞ももらえなかった。

しかし、負けた悔しさを驚きが上回った。受賞作品に限らず、自分以外の作品はまさしく芸術だったのだ。

パーツの組み上げ方から、色の塗り方に至るまで、まったく次元が違う。

私の自信作F－16は、パネルラインを実物どおり忠実に再現したつもりだった。しかし他の作品に比べれば違いは一目瞭然。直線であるべきところがくねくねと曲がっている。接着剤の跡が見える。パーツのシーム（継ぎ目）が見える。塗装が均一ではなくむらがある……。

他の作品は、そんないい加減なことをしていなかった。パネルラインにしても、まるで最初からそのように成形されたかのように精巧に彫られていた。

惨敗して意気消沈するどころか、闘争心が湧いてきた。

父親が他界して以来、何かに没頭することができずにいたのだが、2カ月後に行われる別支部のコンテストで、絶対に賞を獲ると心に決めた。

ライトウェーブ3Dの時と同じく、再び部屋に閉じこもり、猛勉強の日々が始まった。家族をおろそかにする罪悪感もどこかに行ってしまっていた。

とにかく、模型の制作技術を一から学び直さなくてはならない。雑誌や書籍などの作り方解説を片っ端から読破し、ウェザリング（風雨にさらされて劣化したような効果）、ドライブラシ（筆をこすりつけて塗装が剝《は》がれた様子などを表現する）、コーティング（表面のツヤを整える）による空気感の模倣などのテクニックを学んだ。

「全米チャンピオンへの道」

2001年4月22日、サンフランシスコ湾に係留されている空母ホーネット博物館で「2001ホーネットコン」が開催された。

私は、ハセガワの1／48スケール　F－4G戦闘機ファントムで再戦に挑み、1／48スケール／マルチ・エンジン・ジェット部門で優勝を果たした。これが私の最初の入賞作品となった。

これを皮切りに、いろいろなコンテストで賞が獲れるようになり、部屋は数多くの盾やらトロフィーなどで飾られていった。

プラモデルに熱中して、瞬く間に2年半が過ぎた。

2003年4月には、タミヤコンに挑んだ。これはタミヤ・アメリカが年1回主催する全米コンテストで知名度も高い。なんといっても上位入賞者4名は、5月に毎年行われている世界を代表する模型の祭典、静岡ホビーショーに招待されるという特典付き。入賞者の作品は、日本や世界の有名模型雑誌で紹介される。

タミヤコンはロサンゼルス郊外にあるタミヤアメリカ本社で毎年開催されていた。大きな模型を運ぶため、サンフランシスコの自宅から車で約7時間のドライブで参戦である。せっかくなので家族と一緒に行き、ディズニーランドに寄るのが恒例となっていた。

私は1／32スケール　F－15Eイーグル戦闘機、1／16スケール　キングタイガー戦車、1／35スケール　チャレンジャー戦車の3点で挑戦した。

結果は、キングタイガーが「1／35以外のスケール部門」で1位。チャレンジャーは「モダン戦車部門」で3位、イーグルは2位だった。悪くはない成績ではあるが、どの作品も特別総合4賞には入賞できなかった。

何より悔しかったのは、イーグルの部門で1位を獲った人が、田宮俊作賞を受賞し、静岡への切符を手にしたことであった。塗装、組み立てといった模型制作技術についていえば、1位の作品より私のほうが勝っていたと思う。だが1位の作品は、1／32スケールの戦闘機（F－4Jファントム）を大きな額縁に固定し、関連する部隊マークをあしらうというディスプレイのアイデアで勝っていた。

来年こそは、タミヤコンで入賞したい。

大会翌日から、傾向と対策に頭を絞った。コンテストと一口にいっても、審査基準は同じではない。タミヤコンはIPMSと違い、技術より見栄えが好まれる傾向があると考えた。だとすれば、単体のモデルを作り込むよりも、ジオラマ形式で魅せたほうがいい。人目を引くには小さなモデルより、大きなスケールのモデルが効果的だろう。

そう考えて選んだ題材が、タミヤの主力大型キットである1／32スケール戦闘機F－14トムキャットと、1／350スケール戦艦ミズーリである（99ページ写真参照）。戦艦大和でなくミズーリにしたのは、やはりここがアメリカだからだ。

題材が決まれば、あとは作り込むのみ。丸一年に及ぶ、ジオラマ制作が始まった。

プラモデル作りに熱中する私を自宅に訪ねてくれたのは、PDIの面接で知り合った原島君である。彼との交流はずっと続いていたが、ジオラマ作りでも実に的確なアドバイスをもらった。

どう戦艦を配置すれば、よりドラマティックに見えるか。戦闘機の周りのクルーはどう配置すれば、臨場感が出るか。「ジオラマには物語が重要」という原島君に手伝ってもらいながら、私は巨大ジオラマ作りを進めていった。

私がCGを忘れてプラモデルに没頭しているのを見て、最初のうちは彼も残念がっていた。私の顔を見るといつも「もう一度CGにチャレンジしましょうよ！」と言っていたが、その言葉はいつの間にか「模型で頑張っている姿を見るのは嬉しいです。1等賞とりましょうよ！」に変わっていった。

2004年4月18日、第9回タミヤコン2004において、1／350スケールのミズーリジオラマがコンテストの最高賞であるマスター・モデラー賞を獲得した。同時に出展したトムキャットは、ジオラマ部門でミズーリに次いで2位であった。

この日から自分の人生が大きく変わってきた。5月に静岡に凱旋した際には、日本模型界のほとんどすべての著名人と知り合い、その仲間入りを果たした。あのタミヤを創業した田宮俊作会長とも親交が始まったのである。

優勝ジオラマは、現在は静岡のタミヤ本社にある歴史博物館で一般公開されている。トムキャットのジオラマのほうは、タミヤアメリカの社長室に飾っていただいている。

タミヤコンで優勝した余波はそれだけに留まらなかった。プラモデルの制作過程を自分のウェブサイトに掲載したところ、世界中からアクセスがあった。ベルギーやポーランドの模型雑誌でも私の作品が紹介され、中国では「大師網站」として紹介された。この頃、

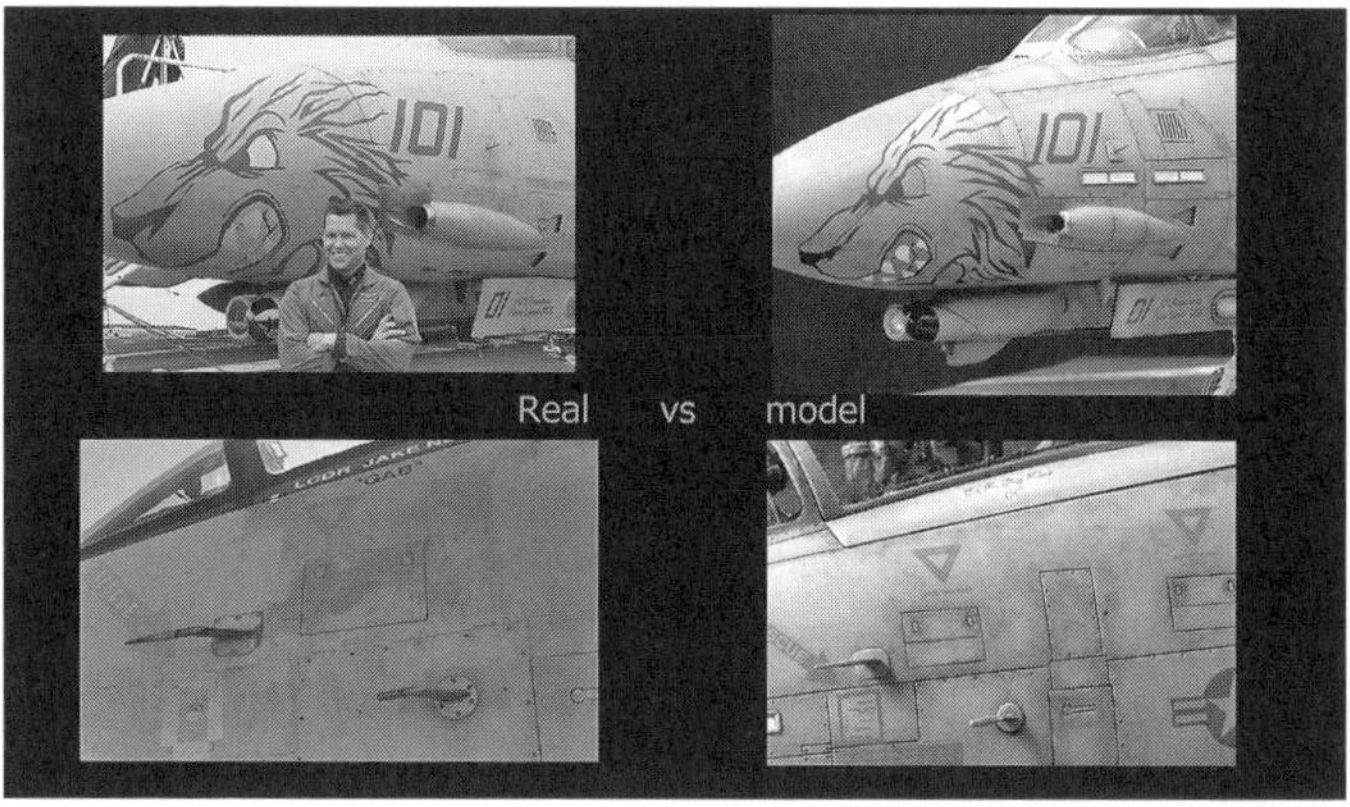

左が実機、右が私の模型。リアルに作り込むためには本物を観察する目を鍛えること。それが今の仕事につながっている

多い時で日に10通程度、世界中の模型ファンから電子メールで質問が届いた。

ロシアの軍事関係者から、『ロシアに来たらいつでも基地を案内して本物を見せてやる』というメールが来たこともある。ウイルス性疾患で目を患って制作記事の投稿が遅れた時には、中東の模型ファンから「俺がアラーの神に祈ってやる」というメールをもらった。

「ニューヨークへの転勤」

趣味で始めたプラモデルがいつの間にか、生活の中で大きな位置を占めるようになっていた。他の何もかも忘れてプラモデル作りに没頭することはよい気分転換になり、仕事のパフォーマンスも上がる感覚があった。

仕事も順調だった。2001年に事務所の所長になってからは日本から来た2人の部下との折り合いもよい。日興グループ向けに電子メールで毎日一斉配信していたシリコンバレーニュースも好評で、日興本社の役員たちの評価も高かった。毎月のように本社から来る出張者の出張調査の訪問企業のアレンジをこなし、その同行で全米を駆け巡り、頻繁に家を空けることにはなったが、それ以外での残業はほぼなく毎日6時には帰宅して家族と夕食をともにし、あとはプラモデル作りを満喫していた。

ついでにいえば、この頃は職場における人間関係のストレスも激減していた。1993年、上司とともに私はシリコンバレーに赴任したのだが、この上司と私は折り合いが悪く、毎日が人間関係のストレスで滅入っていた。実をいえば、私がCGアーティストになろうと必死になった理由の1つはこの状況から脱したかったからでもある。ある意味で、彼は私の恩人といえるかもしれないが、そんな上司も98年には帰国していた。代わってやってきた上司の下で、渇望していたグリーンカードも、父親が死去してまもなくの2000年初頭には取得できていた。

プラモデルという趣味も充実していたし、職場環境も悪くない。グリーンカードも取得できていたから、仮に会社が傾いたとしても、IT関係のスキルを活かして似たような会社に転職することも何とかできるだろう。プライベートでも、子供たちは順調に育っている。CGアーティストになろうと必死になっていた頃に比べて、家族と過ごす時間もずいぶん増えた。

こういう人生、全然悪くないじゃないか。CGアーティストを目指した3年間が、何だか夢だったような気もしていた。

だが、いいことばかりは続かない。

2005年3月、サンフランシスコからニューヨークへの転勤が決まった。それまでは日興コーディアル証券のIT子会社である日興システムソリューションズ社のシリコンバレー事務所の所長という役職であったが、今度は日興コーディアル証券本体のニューヨーク駐在員事務所の所長としての赴任である。業務内容も、自分の得意とするIT技術調査から一変して、投資案件発掘や企業のIRサポート、証券アナリストチームのマネージメントなど、証券ビジネスに変わった。

職場に出勤する際も、シリコンバレースタイルのジーパンにポロシャツというわけにはいかない。スーツとコートを着ての電車通勤、残業、人間関係のストレスと、これまでの平穏な生活はどこかに消えてしまった。

第1章の冒頭で書いたように、私はニューヨークでの暮らしにすっかり疲れてしまっていた。

映画作りに熱くなる

ニューヨークの職場は残業続きで、プラモデル作りはおろか、家族と過ごすプライベートな時間もどんどん削られていった。

そうした状態が続くと、心が渇いてくる。何か作ってみたい、何かに没頭したい。そんなクリエイティビティを渇望するようになっていった。

幸い、ニューヨークの仕事では、エンターテイメントビジネスの関係者と知り合う機会が頻繁にあった。

そうした大物の一人ジェリーは、映画『レッドオクトーバーを追え』のエグゼクティブ・プロデューサーであり、プライベート・フィルム・スクールであるNYFA（ニューヨーク・フィルム・アカデミー）の創立者でもある。ソーホーにある日系パスタレストランで彼とランチを何度か一緒にし、自分が映画好きであることを話した時に「一度うちの学校でフィルム作りを勉強したら？」と誘われ、「16ミリフィルム・メイキングコース」を受講することとなった。2006年夏のことだ。久しぶりにワクワクした。

それから3カ月間、夜と週末は映画作りに熱中した。

学校は17丁目、ユニオンスクエアにあるアールデコ風の歴史的建築物だ。外見と同様、内部も古びていて、カビの匂いも漂ってきそうな雰囲気だったが、学生や先生の熱気が充満していた。映画撮影用の照明、カメラ、三脚などの機材が狭い建物のあらゆるところに置かれ、壁には往年の大スターたちの白黒写真が張られており、そこにいるだけで念願の映画関係者になった気分になれた。ちなみに、NYFAの卒業生にはあのスピルバーグ、アル・パチーノ、ジョディ・フォスターらの子息もいると聞いた。

授業では、映画作りの基本から学ぶ。16ミリカメラのフィルム装填から始まり、シネマトグラフィー等の基礎理論、そして実際にショートフィルムを2本作る。ストーリーの考案、ストーリーボードの作成、キャスティング、ロケハンティング、ニューヨーク市への撮影許可申請、演技指導、カメラワーク、エディティングなどを各自で行うのだが、実際の撮影は4名のチーム方式になっていた。監督、撮影監督、照明係、カメラマンなどの役目を、4名が交代で受け持つのだ。

クラスメートは20名ほどで、ほとんどが海外からやってきた監督志望の若者たちである。私は、たまたま近くに座っていたスペイン人、パキスタン人、メキシコ出身のアメリカ人

3名とチームを組むことにした。

CGのデモリールを作った時の興奮がよみがえってきた。どんなストーリーにすれば面白いだろう。例によって、仕事中だろうが、食事中だろうが、ストーリー作りに明け暮れた。

ある日、タイムズスクエアにあるレストランで食事をしている時、「モリー」という物語が脳裏に浮かんだ——。

花屋を営む若き2人の物語。ある時、自転車で配達に出た妻のモリーが交通事故で亡くなる。絶望した夫は気力を失くし、花屋も荒んでいく。ある日電話が鳴り、配達が依頼される。無気力な彼がバラの花束を届けた先、ドアを開けるとモリーに瓜二つの女性が立っていた。モリーが生きていると錯覚した彼は、その女性のあとをつける。しかし、彼女はプロのタンゴダンサーだった。彼女が舞う姿にモリーとは別人であることに気づき、彼は正気を取り戻して、花屋にも活気が戻る。再びその女性からの依頼を受け、自転車で配達に向かう夫。モリーが亡くなった交差点に差しかかった時、あの日と同じように死角から車が近づく。しかし、モリーのために活けてあったバラの花瓶が偶然交差点に倒れ、自転車を遮る。車は何事もなかったかのように過ぎ去る。

ちなみにモリーという名前は、ほくろのモール（mole）から来ている。モリーには口元にほくろがあるのだが、ダンサーにはないという設定にした。

ストーリーが決まったら、次はキャスティングだ。プロを目指す俳優たちのヘッドショット（顔写真ファイル）から、イメージにあった人を選ぶ。このヘッドショットに掲載されている役者は、学生フィルムには無料で協力してくれるのだ。彼らに電話をして、ストーリーを説明して興味があるか尋ね、スケジュールを調整する。

最も苦労したのがロケハンだ。ブルックリンに出向き、地図を見ながら片っ端から花屋に飛び込んで事情を説明し、撮影に使わせてほしいと交渉する。いきなりわけのわからないアジア人が店に飛び込んできて、映画撮影に使わせてほしいというのだから断られて当然だ。何軒も断られ、最後にもう1軒だけと、アパートの1階を利用した小さな花屋に飛び込んだ。幸運にも店のオーナー女性が日本人で、スムーズに話が進んだ。

ニューヨーク市への撮影許可申請は、大した手間ではない。何月何日、この場所で何時から何時まで撮影を行いたい、そのために警察による道路閉鎖をお願いする……といった内容を所定の用紙に書き入れて提出するだけだ。それでも、所轄事務所のバインダーに、20世紀FOXやユニバーサルスタジオと私の名前が並んだことには少々感動した。大手メジャースタジオがニューヨークロケを行うのと同じプロセスを、全部私一人でやったのである。

実際の撮影に各生徒が使えるのは、土日の2日間のみ。コース最後の1カ月間は、4名が持ち回りでそれぞれ4回の土日を利用する。私はドーリー（カメラを載せる台車）代わりに自転車を購入し、撮影に臨んだ。

撮影場所はウエストビレッジとイーストビレッジ、花屋さんとダンススタジオ、それに1本目のショートフィルムに出演をお願いした女優の自宅も使わせてもらった。4名のスタッフと2名のアクターで丸2日、真夏のニューヨークを汗だくになりながら歩き回り、合計3時間分のテープを撮影した。

その後、映像を学割で購入したマックブックに取り込み、同じく学割で購入した編集ソフトウェアのファイナルカット・プロで編集していく。

編集が終わった瞬間、「これは映画祭で賞が獲れる！」と舞い上がった。CGのデモリールの時もそうだったが、まったく単純なのである。

日本に住む知り合いに、国際郵便でDVDを送りまくったがなかなか返事が来ない。1人に催促したところ、「初めてにしてはまあまあね。次回はもっとよくなると思うわ」と言う。

冷静になって自分の作品を見直すと、それはまあひどい出来だった。48時間で103ショットを撮影するという暴挙だったとはいえ、演技指導もなっていないし、絵作りもなっていない。

それでも、私はこの映画作りに何もかも忘れて没頭した。フィルムメイキングコースは、確かに私のクリエイティビティに火を灯《とも》してくれたのだ。

「再び募る、CGへの憧れ」

ニューヨークに転勤になってから、CGに再チャレンジしようという気持ちがまったくなかったといえば嘘になる。新しい職場での人間関係には苦労していたから、クリエイティブな趣味へと現実逃避したくなっていたという面もあったかもしれない。

だが、趣味ではなく、プロのCGアーティストとして映画作りに参加することの大変さも、過去のチャレンジで身にしみてわかっていた。もう40歳過ぎで、家族もいる。もう一度あんなチャレンジをして、失敗したらあとがない。

そんな中、久しぶりに原島君からのメールが届いたのは、2006年5月のことだ。7月からドリームワークスでアニメーターとして働くことになったという。彼と知り合ったのは、1999年のシーグラフ'99。それから7年間、彼はたゆまぬ努力を続けて、見事に夢を叶えたのだ。

ニューヨークでどんよりとした日々を送っていた私にとって、彼のメールは久しぶりに清々しいニュースだった。しかし、清々しさの一方で、どんよりとした気分もさらに重くなった。部下に邪魔者扱いされて疲れ果て、やりたいこともやらずに生きている自分は何者なのか。

前節で述べた映画作りは、原島君からのメールを受け取ってからのことだ。何かやらずにはいられない気持ちがどうしようもなく高まっていたのだろう。

原島君からメールを受け取って1年半後、投資案件調査の一環で、ハリウッドで開催されたフィルム・ファンディング・カンファレンス2007に出席することにした。ニューヨークから西海岸へは飛行機で6時間。日本からシンガポールに行くようなもので、そうそう行けるものではない。せっかくなので帰りの便はサンフランシスコ経由にして、原島君と落ち合う約束をした。

原島君とフィアンセとの会食を楽しんだ翌日、彼の職場、ドリームワークスを案内してもらえることになった。見学の時間は30分程度だっただろうか。

玄関を入るなり、そこはまさに夢にまで見た映画制作の現場であった。訪れたのは休日だったこともあり、社内はがらんとしていたが、壁には過去の映画作品のポスターや制作中の『マダガスカル2』のアートワークなどが飾ってあり、キャラクターたちのスカルプチャーなども置いてあった。

この時は、自分でも驚くほど心臓の鼓動が高まるのを感じた。なぜ私は「この場所」にいないのだろう。

筆者と原島君(右)。2007年12月再会時、サンフランシスコにて

自分の道は自分で切り開く

簡単に取得できたかのように書いたグリーンカードだが、実際にはトラブルの連続だった。少しややこしい仕組みだが、簡単に説明しておくことにする。

勤め先の企業がスポンサーとなってグリーンカードを取得する場合、Labor Certification（労働証明）、続いてI140というスポンサーの評価、最後に本人のバックグラウンド確認／面接であるAdjustment of statusというプロセスが必要になる。

Labor Certificationというのは、該当する職務に適したアメリカ人がいないことを証明するプロセスで、企業は実際にアメリカ人の募集／面接を行い、そのことを実証する。これには約1年かかる。次のプロセスであるI140は、労働局で規定する給与をスポンサー企業が支払い続ける能力があるかを証明するプロセスで、1年弱かかる。私の場合、申請は順調に進んでI140が承認された。あとは、Adjustment of statusの面接を行えば、無事にグリーンカードを取得できる——はずだったのだが、ここで大問題が発覚する。

Adjustment of statusの面接は、アメリカ国内の移民センターか、日本のアメリカ大使館で行うかを選べるようになっている。当時、日本のアメリカ大使館の待ち行列はほぼゼロだったから、こちらを選べばすぐにグリーンカードがもらえる。一方、アメリカ国内の移民センターだと待ち行列が長大で、2年以上はかかっていた。

この選択は、I140の申請時点で行う必要があり、行わないと自動的にアメリカ国内にされてしまう。しかもI140の申請書にはそのような選択欄がなく、欄外に手書きで「国外希望」と書かなければならなかった。勤め先が使っていた大手弁護士事務所の担当者はこのことを知らなかったのだ。つまり、このまま待っていると、確実に現在持っているビザの期限である2000年2月の滞在期限を超えて、私は退去強制処分になってしまうということである。

これは弁護士事務所の失態だから、私も猛然と抗議した。しかし、アメリカ国内の移民センターから日本のアメリカ大使館に変更するには、また申請書を出さなければならず、その処理にはさらに1年かかってしまうという。

絶望的である。

何とか、Adjustment of status の面接を日本国内にすばやく変更する方法はないものか。

血眼になってネットを調べたところ、多くの日系企業を顧客として持つロサンゼルスの移民専門弁護士が、Ｉ１４０が承認されたことを保証して、直接日本のアメリカ大使館に請願するという独自の方法で、過去何件も同様の事例を解決していることがわかった。

勤め先の顧問弁護士事務所にこの事実を突き付けたが、「そんなことは不可能」の一点張り。この大手弁護士事務所で移民関係の業務を仕切っていたのは頑固なパラリーガル（事務員）で、弁護士はいつもサインを入れるだけ。そこで弁護士本人にレターも書いて説明したが、結果は同じだった。

幸いなことに、新しく来た上司は、頼りない顧問弁護士事務所に見切りをつけ、私のグリーンカード申請処理をロサンゼルスの小さな移民専門弁護士事務所に任せてくれた。ここに至って、ようやく物事がスムーズに動き出す。

１９９９年９月に日本のアメリカ大使館に請願書を送付、12月に同大使館で面接をし、晴れて移民となれた。退去強制期限のわずか1カ月前のことだった（実際には「強制」ではないが、もし出国が遅れた場合は不法滞在扱いとなり、次回入国の際にそれが問われた場合、むこう10年間米国へ入国できなくなる）。

自分の道は自分で切り開く。たとえ弁護士にだめと言われてもあきらめなければ、道は開ける。そう実感した出来事だった。

第5章 45歳からの就職活動

写真：専門学校時代の仲間たちと

「模型ファンからのメール」

ドリームワークスのオフィスを見学してから3週間後のクリスマスイブ。私のウェブサイトを見た1人の模型ファンが、メールを送ってきた。件名は「Very nice website!」。

「以前、カリフォルニアのショーであなたの作った模型をいくつか見たことがあったのですが、それらがすべて同じ人によって作られたものだとは思いませんでした」

こうした模型ファンからのメールはそれまでに何度ももらっていたが、やはり嬉しいものだ。

読み進めていくうち、最後の文言に目が留まった。

「ライトウェーブで3D作品も作られているようですね。私はCGを生業としており、長編映画のキャラクターやクリーチャーを設定する仕事をしています」

彼の名は、アーロン・ファウ。ソニー・イメージワークスでリギングのスープなのだという。何ということだろう、思わず「おーっ!」と声が出てしまった。

そして、私が10年前に作ったデモリールを改めて見てもらった。

「ちょっと古い作品だけれど、この技量でもう一回チャレンジして、今でも通用すると思いますか?」

ためらいながら尋ねたところ、彼からの答えは「Sure!」。この一言が私の背中を押した。まだやれるじゃないか。

だが、CG技術は日進月歩で進歩している。10年前のスキルがそのまま通用するわけではない。今すぐ会社を辞めてプロのCGアーティストになろうとまでは思わなかったが、もう一度CGを学び直す気にはなった。

そうと決まれば、始めるのは早いほうがいい。仕事を続けながら夜間にCGを学べるコースをネットで探し、翌日にはNYU(ニューヨーク大学)のSCPS(School of Continuing and Professional Studies)の受講申し込みを行った。

申し込んだのは、CG業界のデファクトスタンダードとなっているMaya(マヤ)のモデリング&アニメーションクラス、それとCGとは関係ない映画制作の2コースだ。10年前のチャレンジで、私は個人向けのライトウェーブ3Dを使ったが、2008年の映画業界ではオートデスク社のマヤが主流になっていた。

どちらのコースも2月から3カ月間かけて学ぶプログラムで、授業は週1回、夜6時から9時である。受講者は学割を使ってソフトウェアやハードウェアを購入できる。

CGソフトウェアのマヤ2008を一般価格7000ドルの20分の1、8コアCPUにメモリ4GB搭載したマックプロを10％引き、アドビのクリエイティブ・プロダクション・スイーツ3を一般価格2000ドルの5分の1の値段で購入できた。格安である。学生ライセンスでこんなに安くなると知っていたら、10年前も適当なクラスを受講してハードウェアやソフトウェアの購入費を浮かせることができたのだが。

ともあれ、CGへの再チャレンジが始まった。

CGソフトウェアのような「ドッグイヤー」の世界における10年は、とてつもなく長い。人間の7年が犬の1年に相当するということでドッグイヤーというわけだが、10年となればいったいどれだけのブランクになるのか。

不安の種は多かったが、マヤの使い方に慣れないと始まらない。マヤ開発元のオートデスク社が発行している分厚い参考書3冊を読破するところから取りかかった。参考書に掲載されていたチュートリアルもすべて試し、マヤの操作もだいたいわかったような気になった。

残念ながら、勢い込んで申し込んだニューヨーク大学のCGコースは期待外れだった。講義内容が初めてCGに取り組む初心者向けだったたし、担当講師にまったくやる気がない。自習してわからないところを質問するためだけに、利用していたようなものだ。

操作に慣れたら、デモリールの具体的なイメージを固めて、作品を少しずつ作っていく。まだデモリールのイメージは固まりきってはいなかったが、映画『ティファニーで朝食を』のシーンをCG化したいと考えてはいた。オードリー・ヘプバーンが窓辺に座ってギターを弾き語る、あの有名なシーンだ。10年前に比べてCGソフトウェアの機能も向上しているから、人間をモデリングすることもそれほど大変ではないだろう――。

手始めに、焦げ茶色のギターをNURBS（Non-Uniform Rational B-Spline：非一様有理Bスプライン）という手法で作り始めたのだが、これが失敗だった。

CGのモデリング手法は、「ポリゴンモデリング」と「NURBSモデリング」の2つがある。前者は三角形や四角形のポリゴン（多角形）を組み合わせていくもので、ライトウェーブ3Dは基本的にこの手法でモデリングする。後者は、NURBSという数学モデルを使って、曲線をもとに計算で曲面を生成するというやり方だ。

NURBSはきれいな曲面を持つオブジェクトを作るのに向いている手法で、コンピュータの計算負荷も少なくて済む。マヤは登場当時はNURBSによるモデリングを売りにしていて、私はこちらが最新のトレンドだと思い込んでいた……のだが、コンピュータの性能が上がるとともに、膨大な数のポリゴンの組み合わせでなめらかな曲面を表現できるようになっていった。NURBSで作られたデータはあとからの修正が面倒で、次第に敬遠されるようになっていく。私がCGへの再チャレンジを始めた2008年の時点ですでに、CGプロダクションはポリゴンモデリング一色になっていた。ニューヨーク大学のやる気のない講師は、こんなことも明確には教えてくれなかったのである。

厄介なことに、10年前に比べ、圧倒的に日々の仕事が忙しくなっていた。10年前なら6時に帰宅したあと、部屋にこもってCGに没頭できたが、ニューヨークでは帰宅するのが深夜になることも多い。

慣れないNURBSモデリングに四苦八苦し、デモリールの制作は一向に進まない。仕事のストレスと捗《はかど》らない勉強に、私は焦りを感じ始めていた。仕事が忙しいというのは、実に体《てい》の良い言い訳だ。忙しさに甘んじ、本当に目指すべきことをせずに怠けているのは、人生の浪費ではないか。

こんなことでは、再チャレンジは到底うまくいきそうにない……。

「CGに専念するため、西海岸に家を買う」

ちょうどそんな時、人生最大のチャンスがめぐってきた。いや、私以外の人間にとっては、ピンチとしか思えなかっただろうが。

2008年の初頭、サブプライムローンに端を発した金融危機は世界に広がり始めており、証券業界は市場低迷の真っ只中にあった。勤め先の親会社は相次いで不祥事を起こし、米国の大手銀行に買収されることが決まって、日本での上場も廃止された。海外業務が縮小されるのは目に見えていたのである。

これは、今の会社を辞めて、CGに専念するチャンスではないか。

それ以前にも会社の先行きについては危ぶんでいたから、アメリカでの転職も検討はしていたが、それはあくまで同業他社、日系の金融関係の会社に現地採用として雇われるという考えであった。

ドリームワークス訪問時の高揚と、模型ファンのCGアーティストからのメールが、そんな「大人で穏当な」考えを吹き飛ばした。

サラリーマンとして会社勤めをしながらCGを学んでいくのではなく、CGアーティストになることを第一の目標にするのだ。

ならば、どうするのが最適解だろう。

悩み抜いた末にたどり着いた方策が、西海岸の日系企業に現地社員として勤めながら、2、3年かけてハリウッドにチャレンジするというものだ。

CGに専念するといっても、一人で勉強していればいいというものではない。やはりCGのプロダクションは、ハリウッドのある西海岸のほうが圧倒的に多い。業界とのコネを作る上でも、西海岸のほうが有利そうだ。

大きな方針は決めたが、そのためにはいくつか準備もしておかなければならない。

1つは、仕事だ。CGの勉強が第一だから、忙しすぎて勉強ができないというのは困るが、生活していくための収入も欲しい。できれば暇で楽な仕事、いつ辞めても大丈夫で、ある程度のお金もくれる仕事。CGの再チャレンジが失敗した場合でも、それなりにやりがいがある仕事はないかと、おそろしく虫のいいことを考えた。

ロサンゼルスに拠点を置く日系の大手人材派遣会社2社に登録して就職先候補を探して

もらうことにしたが、改めて自分の履歴書を見ても、特段の専門スキルがあるわけではない。日系企業の現地社員、仕事が楽で、管理職を希望というのだから、そう簡単に就職先が見つかるわけがない。なにせアメリカはサブプライム不況の真っ只中だ。就職先は引き続き探してもらうことにして、まずは西海岸に家を買うことにした。

家を買うといっても、日本とアメリカでは大きく意味合いが異なる。日本では、家は一生モノ、一度買ったらローンを完済して死ぬまで住むものだと思っている人も少なくないだろう。しかし、アメリカでは事情が違う。仕事やその時の家族の都合に合わせて、住む場所を次々と変えていくのが当たり前で、中古の住宅市場も日本よりはるかに発達している。

家がいらなくなったら、売ったり、人に貸したりすればよいのだ。もちろん、家を買うにはローンを組むのが一般的だし、当時の私も一括で家を購入できるほどの資産は持っていなかった。しかし、30年ローンを組んでも、30年かけて完済する人は多くない。住宅を売買する際に新規ローンに切り換え、値上がり益でローンを減らしていく土地神話がアメリカでは続いている。

ただ、ローンを組むのであれば、やはり会社に勤めているうちに組む必要がある。手頃な家を見つけ、ローン審査をパスし、契約を済ませる。現在の勤め先の先行きはまったく読めず、状況によってはすぐに退職・転職しなければならないことも十分にありえる。

CGに専念するという覚悟はできていたが、やるべきことがあまりにも多く、私は非常に焦っていた。

ついに訪れた、家族の危機

2008年2月、家探しの1回目の下見として、私は一人でニューヨークからロサンゼルスに飛んだ。できれば家族も連れて行きたかったが、子供に学校を休ませるわけにもいかない。次回は一緒に行けばいいと思った。

地元の不動産屋に案内され、日本人が多く住むロサンゼルス空港近くのトーランス市と、ロサンゼルスの南端にあるアーバイン市の物件を十数件見学し、まずまず満足のいく物件が1軒見つかった。初めてのマイホームは自分の目で確かめて決めたい。それが妻の希望だったので、1回きりの視察で決めることのないよう念を押されていたのだが、良い物件だから競争相手も多いのではと、その場で競争入札することにしてしまった。家の写真を撮って妻に送り、「しばらくは人に貸す家だし、将来自分たちが住むかどうかもわからないから」ということで、妥協してもらうことにした。

この時には、まだ会社を辞める決意が固まっていたわけではない。ロスで仕事が見つかるか、あるいは帰国辞令が出て、退職せざるを得ない状況になった時の備えであった。

だが第1章でも述べたように、翌3月に出張で帰国した帰りのニューヨーク行きの国際便の中で、完全に決意が固まった。

もう10年前とは違う。CG黎明期だった10年前なら、少し頑張れば何とかハリウッドに潜り込むことができた。実際、私も採用される一歩手前まではいったのだ。だが、10年経ってCG人口は爆発的に増え、生半可な腕ではもう認めてもらえない。

全力でCGに取り組んで、10年分のギャップを埋める。また、腕があるだけでは不十分だ。業界へのコネクションも絶対に必要になってくる。

仕事をしながらという片手間でのチャレンジで、CGアーティストになって映画制作に携わることは不可能だ。チャレンジするなら、退路を断って120%努力できる環境をつくらなければならない。

アメリカに住んで15年。2人の子供もこちらで生まれ、米国の生活に慣れているので、今さら日本に連れてはいけない。蓄えもできているから、西海岸で就職先がまったく見つからなくても2年くらいなら何とかなるし、グリーンカードもある。

ここは自由の国アメリカだ。やる気があれば年齢は関係ない。

帰宅して決意を妻に伝えたが、彼女も私が会社を辞めることに反対はしなかった。だが、それでも家族の危機はあった。

4月、住宅の購入契約のサインをするため、家族を連れてロサンゼルスを訪れることになった。そして契約の前日に、ホテルで妻が感情を爆発させたのだ。

これまで私のわがまま、やりたい放題を黙って了解してくれていた彼女も、さすがに家を買うという大事で、自分の意向が受け入れられなかったことには我慢ならなかったのだろう。さらに家を買ったことで、もう後戻りできないという不安が彼女に押し寄せた。

私は私で焦っていて、まったく余裕がなく、「選り好みしている余裕なんかない、家なんか住めればどこでもいい」と言い放ってしまった。

自分のやりたいことのために家族をおろそかにしてCGに没頭し、会社を辞めると決め、西海岸に引っ越しすると決め、家まで勝手に決めてしまったのは、この私なのであるが。

夫婦ゲンカを見て不安になった中学生の息子は、ホテルの部屋を飛び出して、どこかに行ってしまった。その後プールサイドで泣いているのを見つけた。

こんな時、父として息子にどんな言葉をかければよいのか。

自分は人生の選択に失敗したと思っている、私は正直にそう息子に伝えた。

だから、遅くなってもやり直すのだと。

私にできるのは、自分の背中を見せることだけだった。

「専門学校のCGコースに入る」

いろいろあったがなんとか家の購入手続きを完了させたところで、次はCGスクールのリサーチだ。

妻と子供2人がいて、さすがに四年制大学や短大のアート学科に通っている余裕は、時間的にも金銭的にもない。私が欲しいのは学位ではなく、現場で使えるスキルとコネクションなのだ。

専門学校によるCG短期集中コースをネットで調べていたところ、ハリウッドによさそうな学校が見つかった。その学校、ノーモン・スクール・オブ・ビジュアル・エフェクツ(Gnomon School of Visual Effects)の評判を、ドリームワークスの原島君やソニー・イメージワークスのアーロンにも尋ねたが、悪くないという。

ノーモンの講師は、現在プロダクションで活躍している、もしくはしていたアーティストということなので、業界へのコネクションづくりもできるかもしれない。

メインコースは、2年間の「ハイエンド・コンピュータ・グラフィックス・プログラム」だが、2年間はちょっと長い。実際に学校を訪れて、カウンセラーに10年前に作ったデモリールを見せてみたところ、3カ月の「マヤ・ファースト・トラック(Maya First Track)」という集中特訓コースで十分だという。「君ならすぐに仕事が取れるよ」と励まされたが、このカウンセラー、いい加減なことを言っていないか。

だが、ノーモンの評判はよく、生徒集めに苦労している様子もない。だいたい経営に困っているのであれば、授業料が高い2年コースのほうを勧めてくるはずだろう。ここはカウンセラーの言う通りに3カ月コースを選ぶことにした。

せっかくハリウッドに来たのだからと、アーロンに頼んで、イメージワークスのスタジオ見学もさせてもらうことにした。アーロンに会うのは初めてだったが、まるで古くからの知り合いのように出迎えてくれた。彼はCG部門を回り、同僚に「あのマスターモデラー、マサだ」と私を紹介してくれた。

『風と共に去りぬ』の冒頭で使われた社屋の前を通り、コロンビア・ピクチャーズの大きなスタジオステージの間を通り抜けながら、「オードリー・ヘプバーン」と名前が書かれた建物の前を通り、スタジオの食堂でランチをとる。

そうだ、こういうところで働くことが私の夢なのだ。

「45歳、学生生活の始まり」

勤め先の会社には、2008年6月に退職届を出した。退職日は、7月31日にする。決心が固いと見られたのか、上層部や同僚からの引き留めはいっさいなかった。20年間勤めた会社でもこんなものだ。辞めると決まっている人間は、もう運命共同体の一員ではなくなり、部外者にすぎない。会社を辞めようかどうしようか悩んでいたことがまったくの杞憂にすぎなかった。

会社を辞めることよりも、ニューヨークからロサンゼルスへの引っ越しのほうがはるかに大変だった。15年にわたるアメリカ生活で溜め込んできた家財道具一式に、猫2匹と自動車2台。思い出の品も泣く泣く手放したが、それでもロサンゼルスに送るダンボール箱は全部で760点に上った。

いったん帰国して会社やプライベートの雑事を片付け、膨大な家財道具をなんとか生活できるレベルまで手早く整理し、自分の部屋にマックプロをセット。8月22日、ようやくロサンゼルスで本格的にCGの勉強を再開する。マヤの基本的な操作は一通り学んでいたが、この日からデモリール完成に向け、「自分のモデル」を作っていく。

10年前のチャレンジと大きく異なるのは、自分のなりたい職業が明確になっていたことだ。先にも述べたように、CGスタジオは工程が細かく分かれ、それぞれの工程をスペシャリストが担当する。

私は「モデラー」を目指すと心に決めていた。

CGプロダクションにおける最初の工程モデリングでは、人物や乗り物、建物など、映画に登場するモノの形を作る。実際に存在するモノを見た目通りに作るだけでなく、架空のキャラクターやメカについてはコンセプトアート（完成形を表現したイメージ）に基づいて、モデラー自身の解釈で創造していかなければならない。正確さだけでなく、アーティスティックなセンスも求められる仕事だ。

CGスタジオにモデラーとして採用されたいなら、モデラー用のデモリールを作ってアピールすることになる。これまで私はストーリー性のあるデモリールを作ってきたが、モデラーのデモリールは「ターンテーブル」と呼ばれる作品集だ。これは作ったモデルが単純に回転している様子を収めたもので、モデルに色を付ける必要もない（モデルに色や質感を付けるのは、テクスチャリングという別工程になる）。

モデリングには、大きく分けてオーガニック系、ハードサーフェス系の2種類がある。オーガニック系は人間も含めた生物、ハードサーフェス系は自動車をはじめとした工業製品のモデリングである。両者はモデリングの手法や利用ソフトウェアもまったく異なり、オーガニック系はZBrush（ズィーブラシ）、ハードサーフェス系はマヤを使うのが業界標準になっていた。

私はまだどちらのモデラーになるかは決めていなかったため、両方のモデルをデモリールに入れることにした。オーガニック系モデルとしては、女性のボディと手の精密モデルを作ることにする。マヤを学び始めた時はNURBSモデリングで作るものだと思い込んでいて苦労したが、オーガニック系ならZBrushを使うべきだったのだ。

この時点で、ZBrushはオーガニック系モデリングの業界標準になりつつあったとはいえ、使いこなせているモデラーはまだそれほど多くなかった。ZBrushとマヤの両方が完璧に使えるのであれば、マヤしか使えないモデラーよりも採用されるチャンスは格段に高まるはずだ。

ノーモンでのマヤコースが始まるのは9月の終わりなので、それまでにZBrushを使って、一通りのオーガニック系モデリングはできるようになっておきたい。ZBrushで女性のボディを作るところから独習を開始した。

新聞は読まず、テレビも見ない。世の中の動きから自分を完全に切り離し、朝7時から夜の1時まで、自室のパソコンに向かい続けた。15歳の長男と9歳の長女も、父親のただならぬ雰囲気を悟ったか、私には近づいてこない。

「あの時のあなたは殺気立っていて、とても近づけなかった」とは、ずいぶんあとになってからの妻の述懐である。

集中したおかげで、9日後には最初の女性ボディが完成した。なかなかの完成度である。そのまま続けて手首のモデリングに取りかかり、やはり9日間でそれなりに満足のいくモデルを作ることができた。

これまで使っていなかったソフトウェアでも、やればすぐにできるじゃないか。一日15時間、20日間、ZＢｒｕｓｈと付き合った私は、すでにいっぱしのオーガニック系モデラーになったようなつもりでいた。

9月下旬、マヤコースが始まる前に、ノーモンで2日間のZＢｒｕｓｈワークショップが開かれると知り、急遽参加することにした。ワークショップでスキルを磨くのはもちろんだが、自信作の女性ボディと手首を講師にプレゼンすれば、業界とのコネクションができるかもしれない、そんな腹づもりもあった。

しっかりZＢｒｕｓｈを独習していた私は、ワークショップでも出来の良い生徒として認められた。講師のライアン・キングスレイは業界の著名人だから、このチャンスを逃す手はない。授業中、自信作の女性ボディをライアンに見せてみた。

すごいと言われることを期待していたのだが、ライアンは何も言わずにZＢｒｕｓｈを操作して、私のモデルをいじくっていく。「プロポーションはこうしたほうが自然だよ」の一言を残して、別の生徒のところへ行ってしまった。

かなりの自信作だった分、ショックも大きかった。確かに彼が修正したモデルはとても自然で、それに比べれば私のモデルは不自然極まりなかった。

短期間でZBrushの複雑な機能を使いこなせるようになった私は、ソフトウェアを使うこと自体が楽しくなってしまっていた。だが、モデラーにとって一番重要なのは、ソフトウェアを使いこなせるかどうかではない。対象物を注意深く観察する、「良い眼」を持つことなのだ。

ZBrushのワークショップでは、もう1つ収穫があった。生徒の1人でフリーランスモデラーのジョナサンと知り合えたことだ。彼は、テレビ版ターミネーターのモデリングを手がけたこともある。そんな彼が、昔の私のデモリールを見て、「すごい、これなら大丈夫」と言ってくれた。

「若者に混じって、CGスキルの切磋琢磨」

9月末、いよいよノーモンのCGコースが始まった。

校舎は、ハリウッドフォーエバー墓地のすぐ近く。この墓地にはハリウッドのスターが数多く眠っており、周りには映画撮影に関連した機材レンタル会社などもたくさんある。

ろしくない。

だが、けして華やかな場所ではない……というより、はっきりいえば寂れていて治安もよろしくない。

アーバイン市の自宅からノーモンへは、5号線で約80キロ。毎日ディズニーランドの横を通り、平均1時間半かけて自動車で通学した。

授業は朝9時から夜7時まで。遅刻しないように着こうとすれば、家を7時前には出なければならない。7時から9時は、ロスのダウンタウンの辺りが大渋滞となるのだ。

今振り返っても、ノーモンでは本当に必死で勉強したと思う。

1時間半の通学時間中、渋滞でのろのろ運転になっている時には、運転席の脇に設置したマックブックで（まだスマホがない時代だった）、CGのチュートリアルビデオを見た。学校では食い入るように講師の話を聞き、夜の7時になったら自宅へ飛んで帰る。帰りは道路も空いているから、1時間弱で家に着く。

30分で夕食を済ませ、深夜1時頃までかかって宿題を片付ける。単に出された課題をこなすのではない。講師にアピールするために、誰よりも優れたモデルを作ろうと頑張った。その甲斐あって、授業で生徒の作品が紹介される時は、周りから「またマサか！」という声が上がるようになった。土日もほとんど休まず、宿題と自分の作品作りに当てた。

こうした日々がみっちり2カ月半続いた。

私が受講した集中コースは、マヤの機能別に9つのレッスンに分かれていて、レッスンごとに各週で講師が変わる。

講師のほとんどは、現役のスペシャリストだ。私はモデリングテクニックの多くを、ポリゴン・モデリングの上級クラスの講師だったソニー・イメージワークスのリード・モデラー、ケビン・ハドソン（現ディズニーアニメーション社シニア・リード・モデラー）から学んだ。

授業は極めて実践的に行われる。

例えば、車をモデリングするのであれば、講師がまずタイヤを作るところを見せる。それを真似て学生たちは自分で作ってみて、わからないところがあったら個別に質問する。講師はさまざまなテクニックを盛り込みながら、5日間かけてボディまで完成させていく。1週間経ったら、学生は各種テクニックをマスターし、課題が完成しているというわけだ。理論的な説明はなし、とにかく実践あるのみである。

解説書やネットの情報をもとに独習している時に悩んだのは、どのアプローチが最善かわからなかったことだ。タイヤのモデリングにしても、いろんなやり方がある。どのテクニックが現場で最善とされるのか。自分のやり方が最適解なのか自信が持てなかった。だが、一線で活躍するモデラーが教えてくれる手法なら、少なくとも現時点で最も実用的であることは間違いない。

そして、ノーモンならではの売りが、四半期ごとに開催される特別イベント「エンプロイヤー・プレビュー・デイ」である。このイベントでは、学生たちが自分のデモリールを、CGスタジオからやって来るリクルーター相手に2日間かけてプレゼンできる。

ディズニーやILM、R&H、ソニー・イメージワークスといった大手スタジオから、中小スタジオまで、リクルーターが学生一人ひとりの作品を観て青田買いする。

10年前に私がやったように、スタジオにデモリールを送りつけたところで見てもらえるとは限らない。だが、エンプロイヤー・プレビュー・デイでは確実にデモリールを見てもらえる。CG業界を目指す人間にとっては、めったにないチャンスなのだ。だてに、9週間で9500ドルの授業料を取ってはいない。

同じクラスの学生は、切磋琢磨し合うライバルでもあり、戦友でもある。私も含めたクラスメートは全部で10名で、アメリカ人はわずか2人（そのうち1人は初日で脱落した）。

イタリア人が2人、ドイツ人、フィリピン人、スイス人、タイ人、インド人、アメリカ人、そして日本人の私という国際色豊かな構成だ。

皆、それぞれの国から映画の都を目指してやって来た同志だから、授業が始まって1週間も経てばすっかり意気投合していた。ランチは持参した弁当か、隣にあった吉野家の牛丼、中華料理のテイクアウトだ。同じクラスの学生と、わいわいランチをとる。ある時、妻がたくさん作ってくれたカリフォルニアロールをみんなにお裾分けしたら、それ以降私の顔を見るたびに「スシ？」と催促する輩《やから》も出てきた。食後はイタリア人が作ってきてくれるエスプレッソ。時々、彼の家に集まってパスタパーティも開いた。

CGコースで教えている講師は、自分のプロジェクトのために「使える」学生をスカウトすることもある。第7週のキャラクターリギング（モデルにアニメーションのための骨組みを埋め込む工程）の講師は、『スパイダーマン』や『ゴーストライダー』などの作品を手がけたマックス・ナポロウスキ。この頃、彼は自分でプロダクションを立ち上げて、さまざまなプロジェクトを進めていた。その彼が、プライベートで仕事を手伝ってほしいという。ギャラはなくクレジットだけ入れてもらえる案件だが、CGでの初仕事だから私は舞い上がった。

マックスが声をかけたのは私1人だったのだが、イタリア人が「アンフェアだ」と騒ぎ出した。結局、マックスの次のプロジェクトは、私以外にクラスの4名も手伝うことになった。彼らの図々しさには辟易したが、同時にチャンスをものにしようという強い意志には感服した。

10年ぶり、4本目のデモリール制作

12月5日、2カ月半の「マヤ・ファースト・トラック」全課程が終わり、1枚の卒業証書をもらった。学位などはない。学んで身に付けたスキルと、講師や友人とのコネクションがこのコースで得られるすべてだ。

プログラムは終了したが、短期集中のコースだから、この時点では自分のデモリールはまだできていない。課題作品も頑張って作ってきたが、CGスタジオにアピールできるほどの魅力があるモデルはまだできていなかった。

自分を売り込むための作品作りは、いよいよこれから始まるのである。

当面の目標は、2カ月後の1月末に開催される「エンプロイヤー・プレビュー・デイ」

だ。応募職種は、「モデラー&ジェネラリスト」にしておいた。モデラーだけでやっていけるか、まだ自信が持てなかったのだ。

本当の目標は、4月末のエンプロイヤー・プレビュー・デイだが、もしかしたら1月末のほうでリクルーターの目に留まることだってありえる。できる限り、出来の良いモデルをたくさんデモリールに詰め込んでおきたい。1月の半ばからは、マヤのポリゴンモデリングとテクスチャリングのアドバンスコースも受講して、さらなるスキルの向上と、講師陣とのコネクション維持を図る。

1月にお披露目するデモリールでは、女性の顔モデルと、手首のアニメーションをオーガニック系の目玉にする。顔モデルでは、髪の毛を作るマヤ・ヘア(Maya Hair)と、SSS(Subsurface Scattering:半透明材質の表現を行うための手法、肌の質感がより自然になる)を使うのは初めてのことだ。チュートリアルを読みあさり、アドバンスコースの講師に指導を受けながら使い方を学んだ。手首のアニメーションは、リガー(アニメーション用の骨格をモデルに入れるスペシャリスト)になることも見越し、気合いを入れて、リグによる関節の曲げやモーフィング(変形)を作り込んだ。

一方、ハードサーフェス系の目玉は、トヨタ2000GTとリボルバー拳銃だ。200

0GTを選んだのは、ちょうど手元にまだ組み立てていない1／16スケールのプラモデルがあったからだ。正月に帰省した際には、豊田市のトヨタ自動車博物館で実物を見ることもできたし、ギフトショップで販売されていた復刻版パンフレットも内装をモデリングする上で非常に役立った。リボルバー拳銃の表面には、ZBrushで唐草模様を彫刻して、独自性を出すことにする。

どの作品を作り上げるにも、並々ならぬ努力が必要だった。ある程度できたと思ったら、友人たちのところに画像を送りつけて強引に感想を求める。返事がなかなか返ってこないので、模型仲間である松井康真君に催促したところ、「マサナリタ作品に悩んでいます(>_<;)」と意味深なメールが返ってきた。一番の自信作だった手首のアニメーションが一番出来がよくないと言われてへこんだ。また他の友人からは「女性の顔、綺麗すぎて本物っぽくない。もっとシミとかしわとかあるはず」と忌憚《きたん》ない返事。「すごいですね」を期待していたのだが、いずれも自分のためを思ってくれた返答に感謝しきれない。妻にも、女性の身体モデルを見せて意見を聞いたが、反応が芳しくない。最近になって改めて聞いたところ、「あれを見た時は、先のことが不安になった」と言われてしまった。

中でも、伊藤頼子さんの厳しい批評は、アマチュアだった私がプロ意識に目覚めるきっ

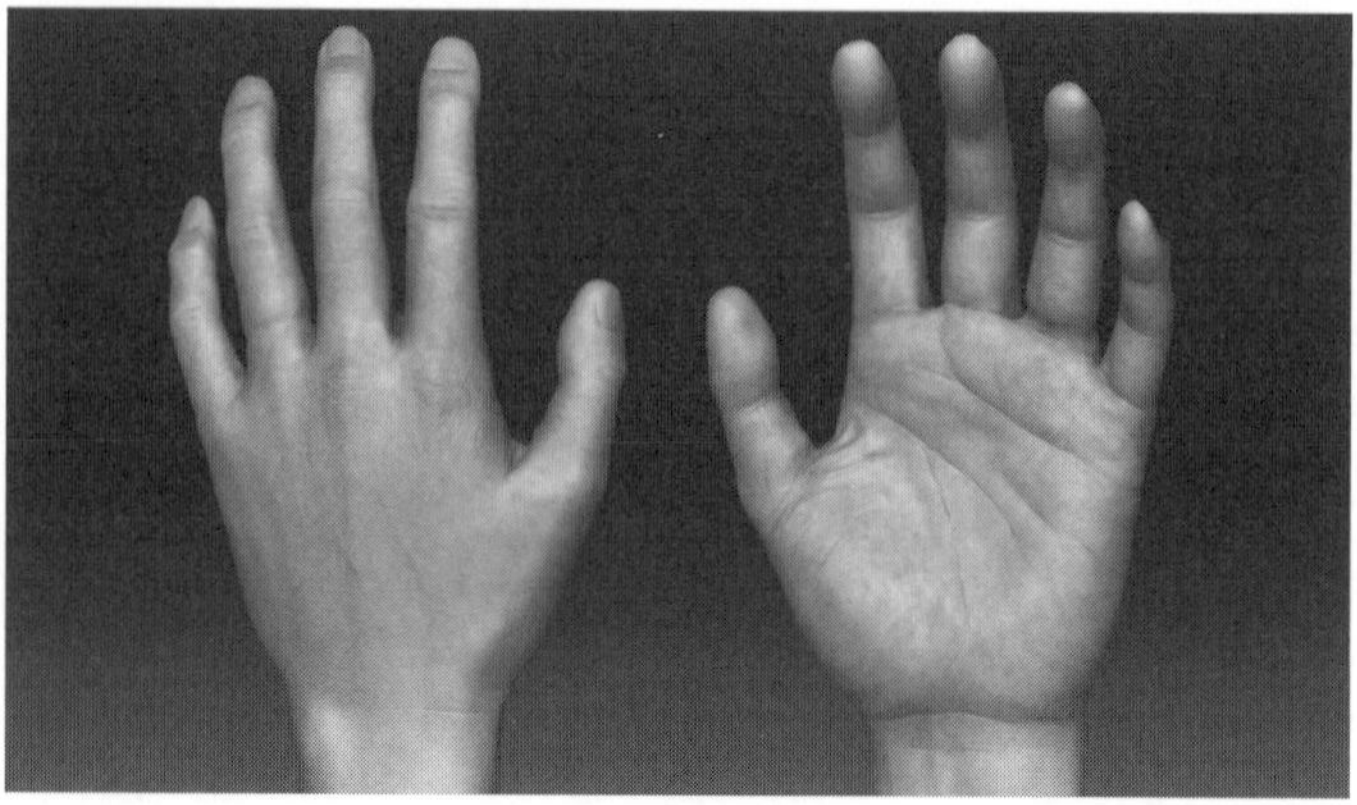

手首のモデル

唐草模様を入れた拳銃のモデリング

かけとなった。伊藤さんは、ドリームワークスで長年アートディレクター（コンセプトデザインを担当する）として活躍しており、当時は鉄腕アトムのプロジェクトを手がけていた。私はデモリールの最後に猫のデッサン画を入れていたのだが、それを見た彼女は「これは逆効果。これを見て感銘を受ける人がいると思う？　外すべきだわ」とばっさり切り捨てた。

そうなのだ。

感銘を与える作品でなければ、逆効果なのである。使えそうなものは、とりあえず放り込んでおこうなどというのは、プロのやることではない。スーパーで売っている茶碗と陶芸家が作る茶碗の違い、人に感銘を与える造形を創ることができて初めてなんぼの世界なんだということを思い知った。

伊藤さんからはPDI社のルックデベロッパー（モデルに質感を与える職種、テキスチャーやシェーダーを開発する人）の山本元太郎君を紹介いただき、彼にもアドバイスを求めた。日本人だと、一度も会ったことのない人の作品を見て悪いところを指摘するのはかなり抵抗があるだろう。それでも、あえて厳しい指摘をしてくれたゲンちゃんにはとても感謝している。

第4弾のデモリールで、面接に臨む

２００９年1月29日、２日間にわたるエンプロイヤー・プレビュー・デイが始まった。私にとっては、ＣＧに復帰して最初の就職活動でもある。

ホルダーにレジメ、パソコンで作った手作りの名刺、ＤＶＤにはカラー印刷したレーベルを貼り、リクルーターに渡すパッケージを30セット用意した。カバーレターの内容は、あらかじめノーモンの就職担当マネージャーにチェックしてもらってある。

エンプロイヤー・プレビュー・デイの主役は2年コースの修了者であり、３カ月コースの私たちはあくまで「おまけ」だ。リクルーターもメイン会場を回るだけで疲れてしまい、私たちのいるサブ会場はスキップしてしまう人もいる。だからこそ、何とかして目立ち、彼らの興味を引かなければならない。話術でアピールするスキルが私にはないから、デモリールの中身がすべてだ。

ＩＬＭやソニー・イメージワークスといった大手スタジオのリクルーターが近づいて来ると、学生たちは色めき立つ。だが、リクルーターたちはなかなかサブ会場には入らず、入ってもうんざりしたような顔をしている。

だが、そんなことでめげてはいられない。ブースの前を通りかかったリクルーターに頼み込んで、デモリールを見てもらう。名刺だけでももらえれば、あとからリンクトイン（ビジネス用途で使われるSNS）で連絡を取ることもできる。

エンプロイヤー・プレビュー・デイが終わるまでには、何とか10社程度のリクルーターにはデモリールを見せることができた。大半は空振りだったが、3社は多少の興味を持ってくれたので、あとから連絡する。

悔しかったのは、あるCGスタジオがクラスメートだったイタリア人2名をインターンとして採用したことだ。どうも彼らはノーモンの就職斡旋担当者に強引に取り入って、紹介してもらったらしい。このイタリア人の行動力と、コミュニケーション能力には舌を巻くしかない。

この知らせを聞いて、私は素直には喜べず、激しい焦りと嫉妬を覚えた。タダ働きであっても、とにかく自分のスキルをアピールするチャンスが欲しかったのは私も同じだったからだ。ただ、このインターンシップは結局タダ働きで終わり、彼らはそのままイタリアに帰っていくことになった。

私は「できるだけ周りのことを気にしない」ことを信条としている。だが、まったく気にならないかといえば嘘になる。いや、人一倍負けず嫌いで、周りが気になるからこそ、わざわざ信条として掲げておかなければならないのだ。もしかすると、負けず嫌いな性格こそが私を行動に駆り立てているのかもしれない。

さて、エンプロイヤー・プレビュー・デイが終わったあとは、興味を持ってくれた3つのCGスタジオとやり取りをした。

1社はすぐにでも私を採用したいように思えたが、インターネットで調べても大した情報が出てこなくて、どうも胡散臭い。それでも最初は仕事を選ぶべきではないと考え、面接を受けることにした。面接での先方の反応は悪くないと思ったが、その晩に断りのメールが送られてきた。こちらがあまり乗り気になれないほどの弱小プロダクションにも断られてしまったのだ。

残り2社も、ジュニアのポジションがすでに埋まってしまったり、課題提出を求められて対応したにもかかわらず、断られてしまった。

ダメもとだったとはいえ、初めてのエンプロイヤー・プレビュー・デイは徒労に終わった。

デモリール第5弾、「仁王」に賭ける

あわよくばと思って参加したエンプロイヤー・プレビュー・デイだったが、さすがにデモリールの付け焼き刃感は否めなかった。

次回こそ、プロの要求に応えられるデモリールを用意しなければならない。どんなモデルを作れば、強い印象を与えられるか。

ハードサーフェス系の目玉は、バイクにする。車や飛行機のボディラインは美しいが、単調だ。バイクであれば、エンジン周りの複雑な形状やカウルなどの優雅な曲線を見せられる。手元にはちょうど、タミヤ・アメリカの牧野副社長にいただいた、ホンダ・レプソルの完成品プラモデルもあった。

望遠レンズを使ってひずみを最小限に抑えながら、模型を撮影し、写真をマヤに取り込む。これをテンプレートとして用いて、モデルの大まかな形状を決める。細かい部品については、プラモデルをノギスで採寸してモデリングを行った。

途中段階のモデルをモデリング・アドバンスコースの講師ケビン・ハドソンに見せたところ、今回は彼を唸らせることができた。

これならいける。

プロの仕事では、クオリティだけでなくスピードも重要だ。ケビンはスタジオで仕事する際、バイクはだいたい2週間でモデリングするという。ならば、10日間で完成させよう。さらにスピードのアピールのため、モトローラ社のRazrという携帯電話を1日、エスプレッソマシンを半日、ボーズのヘッドフォンを4時間で完成させて追加する。

オーガニック系モデリングでは、リトルトーキョーで手に入れた『奥さまは魔女』フィギュアを2日間で完成させた。

HONDA「レプソル」のCGモデル

だが、もう一押しが欲しい。作品を見た人に強烈な印象を与える何か。

この頃、ブリザードというゲームスタジオのプロデューサーである安田さんと知り合い、彼から「モンスターのようなオーガニック系モデルが入っていれば、デモリールはさらによくなる」とアドバイスをされていた。

アメリカ人に強烈な印象を与える、迫力あるクリーチャー。

あった。

正月に帰省した際、母と奈良を旅行したのだが、東大寺の南大門にあった仁王像には心底、心を揺さぶられた。あまりにも印象的だったので写真を何枚か撮っていたのだが、これをモデルにしたらどうか。

だが、仁王像の背面がどうなっているかよくわからない。デモリールでは、モデルをターンテーブルに載せて360度回転させるから、背面も作り込まないといけない。日本の模型仲間に相談したところ、『仁王像大修理』という書籍があることを調べてくれた。でも絶版で定価3000円が4倍くらいで売られているという。どうしようかと思っていたところにいきなり、本が国際郵便で届いたのである。かの松井君の粋な計らいだった。実は松井君と本を見つけてくれた小泉聰君は、私が会社を辞めてＣＧをやるかどうか迷っていた時に、「やりなさいよ！　ＣＧのキモは、ディテールや質感表現だと思う。本物をよく知ってる、模型を極めたマサナリタにはそれがある。絶対うまくいくよ！」と最初に背中を押してくれた経緯がある。

これで仁王像を作る準備は整った。

一般的に、こうしたオーガニック系モデルを作る場合、ベースモデルをマヤで作り、ＺＢｒｕｓｈでスカルプ（彫刻）するという手順を取る。こうすれば作業時間を短縮できるし、精度も高くなる。

だが、私は自分のスキルを強調するため、マヤだけを使って仁王像を作り上げることにした。ポリゴン・モデリングだけで形状を作り、表面の細かい傷などのディテールはバンプマッピング（表面に凹凸があるかのように見せるテキスチャによる手法）で付ける。ＺＢｒｕｓｈが登場するまでは、皆この方法でこうしたオーガニック系モデルを作っていた。マヤだけでモデリングするのは大変な作業だが、モデラーとしての腕の見せ所でもある。

また、いくら資料を集めて正確に採寸しても、良いモデルができるとは限らない。南大門の金剛力士像は8メートルの高さがあり、門の真ん中に立って下から見上げた時、一番迫力を感じる独特なプロポーションになっている。それを単純に小さくするだけでは、頭でっかちで不格好になってしまうのだ。縮小したCGモデルとしてかっこよく見えるプロポーション、それを実現するのは自分のセンスしかない。

制作に取りかかって10日後、圧倒的な威圧感を備えた仁王像が完成した。デモリールの始まりと終わりにこの仁王像を入れ、日本らしさを出すため、「ゴーン」という鐘の音も付けた。

デモリール自体の見栄えにも細心の注意を払う。DVDケースには最高級の写真用紙で印刷したバイクのモデル、DVDレーベルには仁王のアップ。バイクのモデルを入れた名刺も自分でデザインし、専門業者に発注した。

やることはすべてやった。

仁王像CGモデル

２００９年３月６日、４月のエンプロイヤー・プレビュー・デイを待たずしてデモリール第５弾を30社に発送した。

「ゲームキャラクターＣＧとの違い」

第５弾デモリールを発送してから数週間が経った。

だが、どのスタジオやリクルーターからも反応は返ってこなかった。

焦りが募ってきた頃、サンフランシスコでＧＤＣ（ゲーム開発者会議）が開催されると知り、何か運命じみたものを感じた。そもそも私がＣＧソフトウェアのライトウェーブ３Ｄと出会ったのは、およそ10年前にサンタクララで開催された前身のＣＧＤＣだった。

ＧＤＣでもジョブフェアーが開催され、ルーカスアーツやブリザード、スクエアＵＳＡといった大手ゲームスタジオも出展する。

私が目指しているのは、映画のＣＧアーティストであり、ゲーム用ＣＧでは求められるスキルも異なってくる。

ゲームでは、キャラクターをリアルタイムにアニメーションさせることが何より重要だ。

そのため、モデル自体はシンプルにして、ディテールや質感の表現は主にテクスチャリングで行うことになる。これに対して、映画ではリアルタイムにモデルをアニメーションさせる必要がない。ポリゴン数が多くなってコンピュータのメモリを大量に消費しても、緻密にディテールを作り込んだモデルが求められる。

モデラーと一口にいっても、映画とゲームでは求められるスキルセットが違うから、ゲーム業界から映画業界への転職は難しいと聞いていた。だが、映画しかやりたくないなどと贅沢を言っていられる状況ではないのではないか。

焦燥感に駆られ、GDCのジョブフェアに臨んだ。

だが、結果はやはり空振りであった。

各社ブースにデモリールを提出し、大手メーカーのパーティにも参加して、名刺交換をした。何人かのリクルーターには、マックブックで直接デモリールを見てもらった。

だが、どのリクルーターも関心を示さない。

デモリールの出来というより、やはりゲーム用と映画用では作品に求められるものが違うのである。

自宅のアーバインからサンフランシスコまで、6時間かけて意気揚々と車を飛ばしてきた。だが、まったく徒労に終わり、暗然たる気持ちで帰途に就いた。

本当に自分の選択は正しかったのか。家族を犠牲にしただけではなかったか。収入はなく、蓄えは住宅ローンの支払いで目減りしていく。健康保険にも入っていないから、病気にもなれない。そんなことばかり考えていて帰りの6時間のドライブの記憶はまったくない。

人生において、この時ほど辛く長い日々はなかった。

第6章
駆け出しCGモデラー

写真：メソッドスタジオ『エルム街の悪夢』制作チーム（一部）。手前右が筆者

「CGアーティストとしての初報酬」

各社へ発送したデモリールには反応がないし、GDCでも空振りに終わった。焦りが頂点に達していた4月はじめ、スーパーライトというCGスタジオの代表のパットから連絡があった。

スーパーライトは、1月のエンプロイヤー・プレビュー・デイで私のデモリールに興味を示してくれた3社のうちの1社だ。弱小スタジオで雇用条件もよくなさそうだったが、仕事を選んでいられないと面接を受けたところ、向こうから断られてしまったという経緯がある。

それでも、私にとってスーパーライトはCG業界につながる細い糸の一本だった。面接で断られたあとも、パットには自分の新作を送ったり、近況報告をしたりしていた。

そのパットが1枚の写真を送ってきた。「お金は払えないけど、勉強のついでにこの構図で同じイメージが作れるか?」という。写真はホンダ・レプソルの実写で、私が第5弾のデモリールに入れたのとまったく同じ機種だった。

モデルはすでに完成していたから、あとは参考写真と同じようなライティングをセットアップして、レンダリングを行うだけだ。数日で仕上げてデータを送ったところ、彼からオファーが来た。

スーパーライトは、広告用の自動車CG合成写真制作をメインのビジネスにしており、この頃はバイク業界にも仕事を広げようとしていた。彼からのオファーというのは、先に送ったイメージをさらに洗練させて、実写並みに精巧なCG写真を作れというものだった。仕事の種類としては、ライティングとレンダリングということになる。

納期は1週間で、報酬は300ドル。何とも馬鹿にした金額だ。

要するに、彼は私を採用したいのではなく、私の作ったモデルを300ドルで手に入れたかったわけだ。ただ、私のモデルがビジネスに耐えうるクオリティーであることが実証されたことは素直に嬉しかった。

少し迷ったが、初仕事は初仕事だ。

パットにはオフィスに来なくてもいいと言われたが、いい経験だと考えて、オフィスに出向いて作業をすることにした。

2009年4月10日、サラリーマンを辞めてから8カ月。ハリウッドではなかったけれど、CGアーティストに転身した記念すべき日である。

面接の時と同じ、寂れた倉庫街の一角にやってきた。オフィスにはやる気がなさそうな社員3名が、暗く静かなオフィスで黙々と作業している。

私も黙々と作業を始めた。同僚と話をすることもなく、スーパーバイザーも口を出してはこない。確かに、これなら自宅で作業しているのと変わらない。

10日間ほどスーパーライトのオフィスに出勤して作業を完了させ、額面300ドルの小切手を受け取った。これが、プロCGアーティストしての初報酬であった。

「仕事が次々と舞い込む」

スーパーライトの仕事をこなしたあと、風向きが変わったようだった。あちこちのCGスタジオから次々と依頼が舞い込んできたのだ。

2社目の依頼は、サンタモニカのダウンタウンにあるバーベッドワイヤ社からだった。オフィスに出向くと、ごく普通のマンションの一室である。仕事内容は、マテル社の「ウノ・ムー」という子供向けおもちゃCMのモデリングだ。バーベッドワイヤ社は、中東系のオーナーが1人でやっている会社で、プロジェクトごとにフリーランスを数名雇うスタイル。ウノ・ムーの仕事では、私の他にもう1人フリーランスが参加する。納期は5日間で、わざわざ80キロの道のりを通勤してオフィスに来るほどではない。おもちゃの実物をあずかり、自宅で作業を完了させた。

中東系のオーナーは、「この仕事がうまくいけば、ホットウィールのCMの仕事が待っているぞ！」と調子のいいことを言う。ホットウィールというのは、トミカと並ぶミニカーのブランドだ。映画ではないけれど、世界的に有名なミニカーのCM制作に参加できるかもしれないと思って、私も興奮してきた。喜びいさんで妻と一緒に量販店のターゲットに出かけて、レーシングサーキットセットのパッケージを研究したほどだ。

3社目のボー・スタジオ社は、映画も手がける小規模なスタジオで、社内には同社が関わった映画のポスターが何十枚も張られていた。「映画制作に携われるかも」と少し期待が膨らんだ。オフィスでは十数名のCGアーティストがコンピュータに向かって作業をしていて活気にあふれている。仕事内容は、ヒストリー・チャンネルの人気番組『アイス・ロード・トラッカー』というリアリティーショーに登場するトラックのモデリングだった。納期も2日間だったので、仕事は自宅でさっさと済ませた……と言いたいところだが、座りっぱなしの生活がたたり、ちょうどこの頃ぎっくり腰になっていた。トラックのモデリングも、自宅というより、自宅のベッドの中で何とか仕上げた。

その後、数社から比較的長期の案件について打診があり、面接の日程を調整することになった。CMやテーマパークなどの仕事だが、うち1社はメソッド社であった。メソッドはCM制作で有名なスタジオだ。


これらの会社との面接を待っていた頃、突然、思いもかけない会社から電話があった。デジタルドメイン社である。

同社の共同設立者は『タイタニック』などで知られるジェームズ・キャメロン監督、『タイタニック』ではアカデミー視覚効果賞を受賞している。打診された仕事はコマーシャル関係だったが、当時私が一番働きたいと思っていたスタジオだった。

電話先の女性リクルーター、カレンは物腰が低く、感じが良い。

「ジュンがあなたのデモリールを持ってきてくれたのよ」

ジュンとは、同社のエフェクトアーティスト、渡辺潤さんである。少し前に原島君からネットワーキングの要として紹介してもらって、デモリールを託したのである。

スケジュールの空き具合と自分の単価を聞かれ、即答した。

「いつでも空いています！　単価はそちらの言い値で結構です」

「面白い人ね」リクルーターは含み笑いし、担当部署でデモリールが気に入られれば、また連絡するという。

何としてでもデジタルドメイン社の仕事は請けたい。何か手はないか。

思い出したのが、リチャード・モートンだ。1997年にニューテック社のライトウェーブ3Dイベントで出会った、日本好きなアメリカ人男性だ。だいぶ前に、彼はデジタルドメインのスーパーバイザーになったと言っていなかったか。

彼のウェブページを探し、10年ぶりに連絡を取った。図々しいが、ダメもとである。

「やあリチャード、覚えているかい？　10年前にニューテック社のカンファレンスで会ったマサだよ。あれから証券会社の仕事を続けていたんだが、実は昨年辞めて、再度CGにチャレンジすることにしたんだ」

そして、自分のデモリールがデジタルドメインで評価されそうになっていること、できればプッシュしてほしい旨を書いた。

すぐに、リチャードから返事が返ってきた。

「覚えているとも！　ゲンキ⁉　実はその評価者は僕なんだ」

なんという偶然か。

リチャードのメールは、「OK. You are hired!」という一文で締められていた。すまないと思いつつ、メソッドを含む数社には断りの連絡を入れる。

5月6日朝、デジタルドメインに向け、家を出た。405号線を北上する。私が住んでいるアーバイン市からデジタルドメインのあるベニス市まで約80キロ。1時間30分のドライブである。

ファウンテンバレー市を過ぎた辺りで、カーステレオからチャイコフスキーのピアノ協奏曲が流れ出した。昨年3月、会社を辞める

リチャード・モートンと筆者。彼の自宅にて

決断をしたニューヨーク行きの国際線で聴いたのと同じ曲だ。思わず、涙が流れた。

憧れのデジタルドメインでの仕事

憧れのデジタルドメインの仕事ではあったが、映画ではなく、コマーシャルである。バーガーキングとアウディの2本で、期間は約4カ月。

バーガーキングの案件は、『トランスフォーマー2』の映画キャンペーンバージョンで、店のキッチンがバーガーキングロボットにトランスフォーム（変形）するというもの。映画関係の仕事といえなくもない。

アウディの案件は、車の部品が透明なルービックキューブのキューブに1つずつ収められており、回転していくうちに車ができあがるというものである。

各案件のチームはそれぞれ20名ほどのスタッフで構成されていたが、モデラーは私1人である。バーガーキングでは、ロボットと現金輸送車のモデリングを任された。渡されたコンセプトアートは、非常にラフに描かれた正面図だけで、中身と後ろのデザインはまったくない。どういうデザインか決めるのは、モデラーではなく、別のスタッフの仕事なのではないのか。

「中と後ろは適当にそれらしく作ってね。素材はバーガーキングのキッチンにある道具を使うこと。顔はあのバーガーキングのおじさんに似せてね」と、VFXスープのジョナが簡単に言う。

どうやらそういうものらしい。

CGスタジオの現場はきっちりすべて決められているものと想像していたのだが、実際の現場は各アーティストのセンスに任されていることが多いのだ。あとで知ったのだが、映画の『トランスフォーマー』でも、各ロボットの構造はモデラーのセンス頼りでそれらしく作られている。

アウディの仕事は、実際には実車CAD《キャド》データのクリーンナップだった。アウディのドイツ本社から送られてくるCADデータは、データ量が多すぎるため、そのままでは映像素材として使えない。データを間引いて、処理を軽くするわけだが、単純に間引けばいいというものではない。目立つ箇所のディテールは落とさず、画面奥のほうの部品はディテールを落とすといった処理が必要になる。

さらに、全体として見栄えがよくなるように、キューブ上に置くパーツのレイアウトを決める。CG業界では、目立つ位置に来るモデルを「ヒーローモデル」というのだが、自動車でいえば会社のロゴやエンジンなどの特徴的なパーツがヒーローモデルということになる。ヒーローモデルを上手にかっこよく配置するのもレイアウトの仕事だ。

私はモデラーということで仕事を請けたのだが、モデリングやレイアウトの他、モデルの質感を決める「ルックデベロプメント」の作業も担当することになった。

単発の案件ではあるが、いい仕事をすれば認められる。そうすれば次の仕事につながる確率も上がる。そう信じて、モデリングにも精を出した。

例えば、エンジンルームのモデリングだ。CADデータといっても、渡されたデータにエンジンルーム内のすべての部品は含まれていないし、ネット検索しても同じ車種の写真は見つからない。そこで、サンタモニカのダウンタウンにあるアウディのディーラーまで出かけることにした。客を装って買うような素振りをすれば、クルマのどの部分でもセールスマンは喜んで見せてくれるものだ。おかげで、エンジンルームの写真を山ほど撮ることができた。ぬか喜びさせてしまったセールスマンには申し訳ないが、情報収集のためにいちいち上層部の許可を取りつけようとすれば何日もかかってしまうかもしれない。その時間は、モデリングのクオリティを上げるために使いたかったのだ。

あっという間に4カ月近くが過ぎ、デジタルドメインとの契約終了まで残すところ1週間となった。モデリングのクオリティは十分なはずだし、何とかデジタルドメインで続けて働けないものか。

リチャードに相談し、さらには映画部門のモデリング・スープにも懇願したものの、夏は業界全体で仕事の量が減っている時期だ。デジタルドメインで長年働いていたアーティストでさえリリースされているのだから、さすがに雇い続けてもらうことはできなかった。

デジタルドメインとの契約が終了すると、私はまた職探しを再開することになった。

アウディのコマーシャルはVESベストコマーシャル賞に選ばれた。チームメンバーと筆者(左)

「『エルム街の悪夢』のフレディ」

2009年8月頭、私は職を求めて、真夏のニューオーリンズに出かけた。目的は、シーグラフ2009である。シーグラフはロサンゼルスで隔年開催され、それ以外の年はボストン、オーランド、ダラス、サンディエゴ、バンクーバーといった都市での開催となる。この年は、ニューオーリンズだったのだ。

半年前の私は、プロのCGアーティストになれるかどうかわからず、何者でもなかった。今はプロとして何本かの仕事をこなし、モデラーとしての腕も認めてもらえるようになり、仕事を通じて業界とのコネクションもだいぶできたが、やはり無職になる、仕事がないという不安と焦燥だけは以前とまったく変わりないものだ。

ただ、以前と違って、面接の手ごたえには変化が出てきた。

実際、シーグラフの会場でもいくつかオファーがあった。

1つは、イギリスのダブル・ネガティブ社だ。面接を受けたところ、『ハリー・ポッター』の最終章に参加しないかという。ただし、イギリスへの引っ越し費用は自前だし、また一からコネクションも作っていかなければならないので、現実的には難しい。

もう1つは、ソニー・イメージワークス社だった。ノーモンで学生をやっていた時に、デモリールを見せたリクルーターのティファニーが面接の担当である。前回はまったく興味がなさそうだったが、今回はデモリールを見るなり、「OK、ロサンゼルスに帰ったら本社で改めて面接を設定します」という。ニューオーリンズに来た甲斐があったというものだ。

視察に来ていたリチャードたちと連れ立って食事をしていると、突然携帯電話が鳴った。発信元は、以前オファーを断った、メソッドのマリッサだ。

「『エルム街の悪夢』のフレディをやってみない?」

その夜は、久しぶりに羽目を外した。パーティをハシゴして、リチャードと酒を酌み交わし、朝までディスコで踊り明かした。

翌週は、さっそくメソッドの面接だ。

部屋に入るなりドアを閉められ、エルム街の悪夢チームのスーパーバイザーたちに取り囲まれ、「もうこの部屋から逃がさないぞ」と脅された。

実は面接の前に、「ソニーに採用されれば、そちらに行くつもりだ」と告げてあった。

ドアを閉めたのはそれを踏まえてのジョークだったが、それだけ私のことを評価してくれているのだと思えば悪い気はしない。

ソニーが決まるまででもいいからと言われ、8月半ばからメソッドで仕事をすることになった。ちなみに、ソニーからは1カ月経ってからキャンセルの連絡があった。結局理由はわからなかったが、こういうことがあるからフリーランスの仕事はなかなかリスキーである。

『エルム街の悪夢』において、メソッドはVFX担当会社としてメインのコントラクターとなる。規模の大きなプロジェクトであり、そのヒーローモデルを担当するわけだから、嫌でも気合いが入る。

チームは最終的に50名程度になったが、モデラーは最後まで私一人。つまり、モデリングに関わる作業はほとんど私一人でこなしたということだ。

制作したモデルは、主人公のフレディの顔、顔の皮膚が半分ない犬（映画では採用されなかった）、右手にはめるナイフ付き手袋、カラス、ナンシーの部屋の壁から出てくるフレディのモーフターゲット（顔の変形に使うためのモデル）、部屋一式、街路樹、ボイラールームなどなど。

　ハードサーフェス、オーガニック、なんでもモデリングした。マヤだけでなく、ZBrushも使いこなせるようにしておいたのが功を奏したわけだ。

　フレディのデザインは、もちろんコンセプトデザイナーが設定を行っているが、細かなところまで全部決められているわけではない。フレディの左の頬に大きな傷があるのだが、その中身は考えてほしいと軽い調子で言われた。

　大慌てで、ネットで参考になりそうな画像を探す。手術、解剖、事故、やけど……目を覆いたくなる画像を丹念にチェックし、解剖学関係の資料も勉強して、デザインに盛り込

提供／メソッドスタジオ
『エルム街の悪夢』フレディのCGモデル

んだ。最終バージョンのモデルでは、プロのホラー系デザイナー（こういう仕事もあるのだ）が傷口の外側をデザインしたが、傷口の中に関しては私のデザインがそのまま採用された。

当初、フレディーの傷は左頬だけに入れる予定で、傷の中には筋肉や血管、筋、脂肪など十数のパーツを組み込んで、揺れに合わせてアニメーションする仕組みになっていた。だが、モデリングの現場では、監督の意向で新しいモデリングが必要になることもよくある。かなり制作が進んでから、監督が右頬にも傷が欲しいという。さすがに細かな部品を作り込む時間的余裕がなかったため、右頬の傷は一刀彫りで、傷口の内部もアニメーションしなかった。

自分のセンスを信じて、できるだけよいモデルを、短期間で作る。目もくらむような忙しさの数カ月だった。

映画ＶＦＸとして初めての本格的な仕事となる『エルム街の悪夢』のプロジェクトは２０１０年３月中旬まで続き、４月末に劇場公開された。公開の約１カ月前までＶＦＸの作業が続いていたことに驚かれる人もいるかもしれないが、最近では映画館に送られるのはフィルムではなくデータになった。つまり公開直前、本当のギリギリまでＶＦＸの作業が行われることも珍しくない。

さて、映画館で観た『エルム街の悪夢』である。最後に流れていくスタッフロールには、モデラー「Masa Narita」の名前が。初めてエンドロールに自分の名前を見た時には、感極まって涙が出た。

「5年以内に、ハリウッド映画のエンドロールにクレジット」という2008年3月の誓いは、予定よりも早く達成できたことになる。

ただ、少々複雑な気持ちもあった。というのは、私の映画制作初参加は、別の作品になる予定だったからだ。

『エルム街の悪夢』制作の真っ只中、私のスケジュールが3週間ほど空くことになった。クライアントにフレディのデザインの承認をもらう必要があったのだ。

そこに飛び込んできたのが、20世紀フォックス『パーシー・ジャクソンとオリンポスの神々』のVFXである。公開日は『エルム街の悪夢』よりも早い、2月12日。大作映画ではあるが、メソッドが担当するのはわずか2ショット、合計15秒ほどだった。それでも、おんぼろフォルクスワーゲンがマスタングを改造したバトルカーにトランスフォームするというのは、見栄えがするし、自分のデモリールに入れるにもうってつけだ。

変身前と変身後、2台の車が完全に一致するようにモデルを作り込まなければならない。オンラインで販売されているフォルクスワーゲンやマスタングのモデルをベースに作っていこうとしたが、結局ほとんど一から作り直すほどの手間がかかった。

3週間の間、苦労を重ねたモデリングが、スクリーンでどう見えるのか。公開初日に劇場へ見に行ったが、メソッドが担当したショットは2つとも採用されていなかった。VFX協力会社として、メソッドの会社名はエンドクレジットに掲載されていたが、スタッフの名前は一切ない。

『パーシー・ジャクソンとオリンポスの神々』の予告編では、確かに私がモデリングを担当した車が映っていたから、大喜びで友人たちにも伝えたのだが、とんだぬか喜びだ。気合いを入れて作っただけに落胆も大きかった。ショットが削除されたのはメソッドが最終データを納入してからのことで、そのバトルカーに乗る神を直前になってストーリーから削除したためと聞いた。

大変なショックを受けたが、仕事仲間に聞いてみると、映画とはそういうものなのだという。映画館に足を運んで自分の目で確かめるまで、自分の仕事がどう活かされたのかはわからないのだ。

「これぞ、ハリウッド映画」

『エルム街の悪夢』の案件が無事に終わったあとも、次から次へと仕事がやって来た。映画のＶＦＸとしては『魔法使いの弟子』『モールス』『ザ・ライト　エクソシストの真実』『For Greater Glory』（日本未公開）など、その合間を縫ってコマーシャルの仕事も入ってくる。

プロダクションから送られてくるプレート（グリーンバックの前で俳優が演技しているところを収めた生のフィルム）を見ると、自分が今映画の裏方として仕事しているのだという実感が湧いてくる。

しかし、慣れというのは恐ろしいものだ。いつの間にか、メソッドの取ってくる仕事に疑問を感じるようになっていた。

先述したように『パーシー・ジャクソンとオリンポスの神々』のショットは全カットされ、一切の努力が無になった。『魔法使いの弟子』のメソッド担当分はわずか数ショットで、メインのＶＦＸは数ブロック先にあるアサイラムという会社が請け負っていた。観客の目を引くショットが、自分たちの作ったものでないというのは悔しい。

『モールス』では、メソッドがメインのVFX担当であり、主演クロエ・モレッツの演技は高評価を得たがオリジナルのスウェーデンの映画を越えることはできず、興行成績はまったくの不発。アンソニー・ホプキンス主演のホラー映画『ザ・ライト』は、こぢんまりとした作りで評価も低く、メソッド担当ショットもやはりわずかしかない。

日本未公開の『For Greater Glory』は、メキシコ戦争を題材にクリスチャンの聖戦を描いた作品。メソッドがメインのVFX担当で、デジタル・ダブル（俳優の代わりに演技をさせる精巧な人間モデル）を大量に作った意欲作だったが、映画自体の評価がかなり低かった。

夢だった映画作りに携わっているとはいっても、「ハリウッド映画を作ってます！」と胸を張って言えるような大作ではない。せっかくアメリカで映画作りの仕事をしているなら、「これぞハリウッド」という映画を作ってみたい。

そんな時にやって来たのが、ディズニーの『パイレーツ・オブ・カリビアン　生命の泉』だ。しかも、メソッドが担当するのは、映画のラストシーンで使われる非常に高度で複雑なVFX十数ショットだ。

プロジェクトが開始された初日、自宅への帰り道で『パイレーツ・オブ・カリビアン』のサントラをかけてみた。「これぞハリウッド」という映画に、これから自分が関わることになる。そう思うと、また涙が出てきた。サラリーマンからCGアーティストに転職してから、3度目の涙だ。

『パイレーツ・オブ・カリビアン 生命の泉』で、私はロンドンの街を再現することになった。ネットで1700年代のロンドンの写真をあさり、自分なりに解釈して橋や川べりの倉庫街などをデザインしモデリングしていく。ラストシーンでは、多種多様な植物を登場させ、これらの植物が発芽して枯れるまでの過程をモーフィングで見せる。会社の近くに生えていたツタやシダを取ってきて、葉脈まで精巧に作り込んだ。

そして、『パイレーツ・オブ・カリビアン 生命の泉』の完了直前、とんでもないニュースが舞い込んできた。クライアントの都合で、ラストシーンのVFXをすべてキャンセルするというのだ。モデリングを担当した私も含めて、何十人ものクリエイターが残業に明け暮れて、ようやく完成だというのに。皆、一様にショックを受けた。

オープニングとロンドンの街のシーンは予定通りに使用され、私もリードモデラーとしてエンドクレジットには記載されたが、初めての「これぞハリウッド」な映画は、少々苦い思い出になった。

健康保険と、マサズ・マジック

仕事の内容に関して不満がないわけではなかったが、メソッドの居心地は悪くなかった。理由は2つある。

1つは、メソッドが私をスタッフ、つまり正社員として雇ってくれたということだ。クリエイターがCGスタジオで仕事をする場合、契約形態としてフリーランスとスタッフの2つがあり、待遇は後者のほうが圧倒的に恵まれている。スタッフのポジションは限られているから、椅子取り競争は熾烈を極める。

会社によっては、スタッフでないと利用できない駐車スペースがあるなど特典に違いがあるが、そんなことは些細な問題だ。何といっても重要なのは、健康保険である。

アメリカには、日本のような国民皆保険制度はない。医者にかかるための保険は、すべて個人負担だ。子供がいる家庭の場合、平均的な保険パッケージの費用は月1000ドル。これほどの金額を全員が払えるわけもなく、アメリカ国民の6人に1人は無保険だ。無保険だと、うっかりケガをしたり、病気になったりすることもできない。ただの虫垂炎の手術で150万円くらい平気で取られてしまう。私もサラリーマンを辞めてから、民間の健康保険に加入しようとしたがダメだった（契約は個人ごとなので、家族は保険に入れた）。前職のストレスのせいか慢性の脂肪肝をわずらっており、そのためどの保険会社からも断られてしまっていた。もし大きな病気をしたら、一発で破産である。

ところが、だ。

企業のスタッフになって団体保険に入れば、費用は一般的な健康保険パッケージ費用の10分の1で済む。しかも、団体保険は、持病があっても加入できる。

実をいうと、メソッドで仕事を始めて間もない頃に、別会社からスタッフ契約のオファーがあって相当に心が動いた。それはデジタルドメイン社のコマーシャル部門からのもので、スタッフとして契約したいというのだ。

メソッドでの映画の仕事に疑問を持ち出した頃でもあり、しかもデジタルドメインは私の憧れの会社であった。心が揺れたが、妻の一言で決心がついた。

「あなたは映画の仕事がしたくて会社を辞めたんじゃないの？」

実はこのあと、こんな話もあった。『エルム街～』が終わったあと、「46歳の新人モデラーがいる。しかも脱サラ」とVFX業界ジャーナリストの鍋潤太郎さんがハリウッド映像トピックで初めて私のことをメディアに報じてから、いろいろな問い合わせが増え、日本に帰国した際、有志によるCG業界向けセミナーに講師として招待されたことがある。その会場でPerfumeのMD（マーチャンダイジング）に手を貸してほしいと相談されたことがある。実はその当時Perfumeをあまり知らなかったのであるが、こんな仕事に誘われた！　と妻に報告すると、「あなたはハリウッドで映画が作りたかったんでしょ？」と諭される始末。妻には頭が上がらないのである。

そんな経緯もあり、意を決してメソッドの上層部に誘われた事実を伝え相談したところ、「No problem!」という返事で、スタッフにしてもらえた。

メソッドの居心地がよかったもう1つの理由は、同僚が私を仲間として迎えてくれたからだ。

メソッドで仕事を始めた当初、私は近寄りがたい変人だと周りから思われていた節がある。元日本企業のサラリーマンらしく、勤務時間中の私は無駄口も叩かず（英語で気の利いたジョークが言えないからだったが）、集中してひたすら作業をこなしていく。アメリカ人からすると、そういう仕事スタイルの日本人はモンスターに見えるようだ。

アメリカ人の同僚たちは、とにかくよく息抜きをする。大部屋にもかかわらず、各人が大音量で自分の好きなジャンルの曲を流す。フェイスブックに投稿したり、YouTubeを見ては近くにいる仲間と一緒に馬鹿笑いしている。

気にせず、私は私のスタイルで仕事を続けていると、そのうち「Mawesome!」とか「Masa's magic!」という言葉が聞かれるようになった。

この業界でアーティストにとって最高の褒め言葉は「awesome」（すごい）だが、それと私の名前「Masa」を合体させた言葉である。スープのショーン・フェイデン（現ディズニーのVFXスープ。２０２１年『ムーラン』ではアカデミー賞にノミネートされた）が、私のモデルを褒める時に茶化して「Mawesome!」と言っていたのが、いつの間にかメソッド内に広まっていった。

「Masa's magic!」はもう1人のスープ、ホワン・ルイスの作った言葉で、仕事が速くて出来がいいという褒め言葉だ。確かに私のモデリングスピードは多少速いとは思うが、超人的というほどではない。単に、他の人がYouTubeを観ている間も作業しているだけだ。もっとも、限られた時間内ですごい出来のモデルを作って、同僚たちをあっと言わせてやろうと狙っていたのは確かだが。

アメリカ人は、他の人がどんなスタイルで仕事しようが気にしない。いい仕事をする人間がいれば、素直に褒める。「Mawesome!」、「Masa's magic!」という言葉を聞くようになって、自分が本当に仲間として迎えられたんだという実感が湧いた。

「『タイタンの逆襲』のモデリング・スープ」

2011年7月、メソッドにとって最大の映画プロジェクトが入ってきた。『タイタンの逆襲』である。

VFXのメインはロンドンのMPC社であったが、メソッドも巨神クロノスという500メートルを超える溶岩巨人を担当する。巨人が地下で目覚めるショットは百数十に及び、いずれも難易度が高い。

私は、このプロジェクトで初めてモデリング・スープを担当することになった。

スーパーバイザーは、自分のモデルだけ作っていればよいというものではなく、マネジメント業務も加わってくる。あるモデルを作るためにどれくらいの時間がかかるかという見積もり、必要なモデラーの選別や面接、作業進捗状況のチェック、具体的な作業指示といった仕事だ。

私自身はモデラーとして、巨神クロノスとそれが幽閉されている巨大な岩山のモデリングを担当する。モデリング8割、マネジメント2割といったところか。

5名いるモデラーを監督しつつ、6カ月間、ZBrushでひたすら岩の造形を行った。クロノスは溶岩が固まった岩でできている。自然に存在する岩なのだから、反復した機械的な模様があるとそれらしく見えなくなる。日本の槍ヶ岳を参考に、毎日毎日岩を彫った。岩山に使われているポリゴンは、最終的に4億個に上った。

こう言うと、大変な苦行だったように

提供／メソッドスタジオ
『タイタンの逆襲』CGモデル

聞こえるかもしれないが、私はこの作業が楽しくて楽しくて仕方がなかった。

完成した『タイタンの逆襲』を映画で見たところ、メソッドのVFXはなかなかの出来だ。クロノスの岩の表面が割れて溶岩を流しながら、岩山から抜け出すシーンはかなりの迫力だった。

だがそれも、メインVFXであるMPCが担当したショットを見るまでだ。クロノスが地上に出てからの迫力は、メソッド担当分とは明らかに差がある。負けたと思った。

興行的にも『タイタンの逆襲』は成功したとはいえず、CG業界誌『Cinefex』でも取り上げられることはなかった。

メソッドではスタッフとして健康保険にも加入できたし、職場環境もいい。

だが、もっと達成感を得たいのなら、メソッドではダメなのではないだろうか。

『アイアンマン3』のアーマーを作り込む

メソッドにこのままいるべきか。ステップアップしないと、自分の満足する作品作りはできないのではないか。『タイタンの逆襲』のCG制作が終わりにさしかかったあたりから、その疑問はどんどん強くなっていった。

ちょうどその頃、大手スタジオがリードモデラーを募集しているという情報が流れてきた。そのスタジオとは、デジタルドメイン。以前コマーシャル関連の仕事を請けたことはあるが、今回募集をかけているのは映画部門、しかもかなりの大作らしい。

当時デジタルドメインといえば、CG業界でＩＬＭに次ぐ二番手で、大作映画のＶＦＸを数多く請け負っていた。私がメソッドにいる間だけでも、『トロン』『マイティ・ソー』『Ｘ－ＭＥＮ：ファースト・ジェネレーション』『トランスフォーマー３』といった超大作のＶＦＸがデジタルドメインによって生み出されていた。個人的にもずっと憧れていた会社である。

しかも、職種はリードモデラー。作品の中でも一番の「ヒーローモデル」を担当する、まさにＣＧスタジオの花形だ。

難点は、あくまでプロジェクト・スタッフであるということ。健康保険も付き、待遇は常勤スタッフと同等だが、１年間ほどのプロジェクトが終わったあとは「リリース」される。メソッドならスタッフでいられるが、デジタルドメインだと１年後にはまた安定した生活を失ってしまう。だが、しっかり自分を売り込めれば、常勤のスタッフになれる可能性もあるのではないか――。

あれこれ考えていてもしょうがない。募集に応募したからといって、自分が選ばれる保証はないし、ダメもとで応募してみよう。

履歴書をアップデートして、自分の最新作を入れたデモリールを送ったところ、まもなくデジタルドメインのデイナというリクルーターから返信があった。

興味があれば面接したい。しかも、作品は『アイアンマン3』だという。大作中の大作だ。これは何としてでも参加したい。

面接では、自分の携わってきた作品をマックブックで見せながら、淡々と説明した。先方の反応は可もなく不可もなくといったところで、これはダメかとも思ったが、1週間後にデイナから合格通知の電話連絡があった。

2012年4月から2013年3月まで、私は『アイアンマン3』のリードモデラーとしてデジタルドメインで働くことになった。あとで聞いた話なのだが、私を推してくれたのは『エルム街の悪夢』でCGスープを務めていたジャネル・クロショー（現マーベルのVFXスープ）だった。彼女はメソッドを辞めたあと、デジタルドメインに移籍しており、私のモデリングを大いに気に入ってくれていた。

一般的にリードモデラーは映画の中で最も難しいモデルを担当するのだが、デジタルドメインでの私の役割はどちらかといえば、スーパーバイザーに近かった。毎朝の進捗ミーティングに出席し、6名のモデラーに対して仕事の指示を行う。

CGに関して『アイアンマン3』の見せ場は、42体のアイアンマンが登場することだろう。といっても、42体すべてを一からモデリングする時間はとてもない。原作のコミック会社であるマーベルから提供されたコンセプトアートに基づき、13体のベースモデルを作り、その首や手足などを付け替えて42組のバリエーションを作っていく。

リードモデラーの私は、当然一番複雑な

Coutesy of Marvel Studios
『アイアンマン3』のスーツでは、内部を作り込んだ

モデルを担当することになる。さらに『アイアンマン3』では、アーマー（パワードスーツ）が開いて、中に主人公のトニーが入るという新設定が追加されたため、内部構造も作り込まないといけない（それまでは、スーツの部品を主役のトニー・スタークに装着する形式だったため、スーツの裏側はそれほど見えず、作り込む必要はなかった）。内部構造のコンセプトアートがなかったため、私のほうでそれらしい構造を想像して創っていくのだ。脇の下や関節部分についても詳細はモデラー任せだったので、脇の下にピストンを入れるなどしてそれらしく見えるようにした。もっともらしく見えてかっこよく、なおかつ全方向に動く、そういう仕組みをアーマー内部にすべて押し込めるため、ずいぶん頭をひねったものだ。

人の縁が交差して、自分をつくっていく

私がデジタルドメインに入る際に担当してくれたリクルーターは、デイナ・バンホグという女性である。電話でやり取りする際、彼女は親しみのこもった話し方をしてくれたが、リクルーターとはそういうものなのだろうという程度にしか

思っていなかった。

デジタルドメインで面接をする際、彼女はフロリダに出張しており、その後私が入社してからも数カ月は会う機会がなかった。

ある日、社内試写室の外でタバコを吹かしている女性を見かけた。同僚が「あれがデイナだよ」と紹介してくれたので、私は「初めまして」と挨拶をした。

すると、彼女は「マサのことは十数年前から知っているわ。不思議ねえ、今日初めて会うなんて」と言う。いったい何のことだろう。きょとんとしていると、

「PDIの面接で、あなたのデモリールが良かったから今でも覚えているのよ」

とデイナ。

彼女が言っているのは、原島君と出会うことになったPDIの面接のことだった。そういえば、13年前、唯一の大手からの面接だったので、デイナにはすがる思いで連絡を取っていたのだ。

前回の面接でも結局彼女とは会わずじまいだったのだが、それにしても何という巡り合わせだろう。13年前、デイナが私のデモリールに興味を持ったからこそ、PDIで面接を受けることになり、原島君とも出会った。それがなければ、私が

CGに再チャレンジすることもなかっただろう。

デイナに感謝するとともに、人の縁《えにし》に思いを馳せる。たくさんの人との出会いが、複雑に交差して、今の自分をつくっているのだと。

さまざまな場所に飛び込み、行動する。それが未来につながるのだと実感した瞬間だった。

憧れからの失望、そして倒産

10年以上も憧れていた会社にようやく採用され、しかも超大作のリードモデラーを任されるのだ。張り切らないわけがない。

しかし、デジタルドメインの映画部門で待っていたのは、どちらかというと失望に近いものだった。

仕事がなかなかスムーズに進まないのだ。

さすがにデジタルドメインには優秀なアーティストが多かったが、中にはプライドが高すぎて、工程間のコミュニケーションに支障が出るケースが多々見られた。ちょっとした用件を伝えるだけでも、いちいち相手の顔色をうかがわなければいけないのである。

モデリング部門にも多種多様なモデラーがいて、私のような新人、しかも英語も下手な東洋人が上に立つことを快く思っていないことを、あからさまに態度で伝えてくる人間もいた。また、このプロジェクトのために入ってきたフリーランスはソフトウェアを使いこなす技術は高いのだが、コンセプトを立体化するのにかなり苦労し、結局私がテイクオーバーしなければならなかった。

アニメーションチームのヘッドは古株で、デジタルドメインの主のようになっている大男だが、いつも中庭で葉巻を吸ってばかりで、真剣に仕事をしているようには見えない。プロジェクトの途中から、彼は私のモデルを気に入ってやる気を出すようになったのだが、時すでに遅しだ。私が精魂込めて作り込んだ内部構造のギミック（仕掛け）も、本番の映画では思ったほどには活かされなかった。

リガー（モデルにアニメーションのための骨組みを埋め込むスペシャリスト）やテクスチャーアーティストにも苦労した。

先にも紹介したように、ＣＧの制作現場は、モデリングやテクスチャリングなど複数の工程に分かれている。先の工程で変更があったら、後の工程でも作業のやり直しが発生する。いい作品を生み出すためには、やり直しは絶対に避けられない。

けれど、私がモデリングを修正し、それを伝えると、リガーやテクスチャーアーティストがとにかく文句を言う。あまりにもリガーが文句を漏らすため、私もCG業界に入ってから初めて、声を荒げてしまったほどだ。

ケアレスミスで別工程の人間に迷惑をかけたのなら謝るのも当然だ。だが、プロとして必要な作業を避けるのはどうなのか。まるでサラリーマン時代に戻ったかのような、人間関係のギクシャクぶりにストレスを感じた。

それでもプロジェクトは何とか進んでいく……と思っていたのだが、とんでもない事態が発生した。『アイアンマン3』のプロジェクトが中盤にさしかかった頃、デジタルドメインが倒産してしまったのだ。

「ハリウッドからVFXの仕事が消えた」

2012年は、ハリウッドのVFX業界にとって災厄の年だった。

大きな原因は、カナダやイギリスの都市がとった政策にある。両国は国策として映画産業を誘致しようと、非常に大胆な税制優遇策を打ち出した。

バンクーバーやモントリオール、ロンドンなどの都市が名乗りを上げ、多いところではなんとコストの40％を税金からプロダクションにキックバックするというのである。

ただでさえ両国の人件費は北米よりも安い。そこに優遇策が加わったら、アメリカのプロダクションがコストパフォーマンスで太刀打ちできるはずがない。

突然、ハリウッドからVFXの仕事が消えてしまった。

中小のVFXプロダクションは事業を畳むか、バンクーバーに引っ越していった。

『ライフ・オブ・パイ／トラと漂流した227日』のVFXで知られる業界大手のR＆Hが倒産、踏ん張っていたデジタルドメインもあっけなく倒産してしまった。中国とインドのエンターテイメント会社がデジタルドメインを買収することにはなったが、もとの会社はいったん清算し、デジタルドメイン3・0という新会社に生まれ変わる。デジタルドメインの元社員は全員解雇。新会社が改めて雇ってくれるというが、給与は大幅に下がる。それが不服なら会社を去るしかない。

私は自分が解雇されることより、『アイアンマン3』プロジェクトの行方が気がかりだった。『アイアンマン3』のメインのVFX担当はデジタルドメインであり、そのリードモデラーということは、実質的に映画全体のモデリング責任者ということになる。デジタルドメインが倒産したら、私の仕事も無に帰すのか。

幸いなことに、デジタルドメインが担当した主要なCGモデルは、倒産前にほぼ完了しており、13体のアイアンマンアーマーはできあがっていた。あとはこの13体をもとに、42体のアーマーバリエーションを作ればいい。

デジタルドメインは新会社に生まれ変わるといっても、マーベルがそんな不安定な会社に大きな仕事を任せるわけがない。デジタルドメインが受けていた1500ショットの半分以上は、ニュージーランドのWETAが担当することになった。

私が作成した13体のアーマーもWETAが引き継ぐ。42体のアーマーバリエーション、そしてそれらを使った港湾でのラストバトル。映画最大の見せ場もすべてWETAがデジタルドメインに代わって担当する。

後に、デジタルドメインのVFXスープのエリック・ナッシュから、WETAのVFXスープでアカデミー賞も獲得しているジョー・レターリーが私のモデルを褒めていたと聞いた。嬉しい反面、何とも複雑な気分だった。

「再び、無職」

2012年9月にデジタルドメインは倒産しデジタルドメイン3・0になったが、私は当初の契約通り、2013年3月まで『アイアンマン3』のリードモデラーを務めた。『アイアンマン3』の仕事が終わったあとも、デジタルドメイン3・0が請けた小規模な仕事を継続する。倒産した大手スタジオR&Hが担当していた『イントゥ・ザ・ストーム』のVFXの一部を、デジタルドメイン3・0が受注したのだ。私はツイスター（竜巻）に襲われる車や住宅などのモデリングを担当したが、それも5月まで。そこから先は、何の仕事も入っていない。

たくさんいた社員はほとんど解雇され、がらんとした倉庫で私を含めた何人かが黙々と作業をしていた。

デジタルドメイン3・0も何とか仕事を受注しようとあがいていた。ターゲットは、『X‐MEN：フューチャー&パスト』のVFXだ。この案件が受注できれば、私もモデラーとしてデジタルドメインで働き続けられる可能性はある。破壊された車のモデリング作業をこなしつつ、X－MENのビディング（受注）作業に参加した。

結局、デジタルドメインは『X－MEN：フューチャー＆パスト』を受注できたのだが、人件費の高いアメリカで制作を行うことができなかった。バンクーバーにオフィスを作り、そこに制作部門を移す。会社は、主要なメンバーに対してバンクーバーへの移住を斡旋したが、多くは離れていった。ハリウッドに残ったコマーシャル部門も、華やかなベニス・ビーチからプライヤ・ビスタの工業団地に引っ越した。

そして、２０１３年5月13日、私は再び無職になった。

この当時のハリウッドには、本当に仕事がなくなっていた。

大手スタジオを解雇されたモデラーたちは皆仕事を探していた。古巣のメソッドは何とか業務を続けていたが、戻ってもまた中途半端な仕事に不満が溜まるだろう。デジタルドメインでの仕事にも不満はあったが、やはり『アイアンマン3』などの超大作に一度関わると、小さなプロダクションに戻るのも抵抗を感じるものだ。

映画ＶＦＸに関わるアーティストたちは、行政に対策を求める声を上げていたが、政府はまったく耳を貸さなかった。もっとも、これは当然だ。アメリカ政府は、産業を過剰に保護したりしない。産業の新陳代謝が常に行われているからこそ、イノベーションが生まれる。それこそがアメリカの強みなのだ。ＶＦＸ業界は、90年代後半からのバブルに浮かれ、自らの高コスト体質を改善することができなかった。

一方、バンクーバーやロンドンには仕事がたくさんあるらしい。だが、私１人ならともかく、子供の学校や飼っている猫のことなども考えると、やはり移住は最後の手段だ。

ＩＬＭに応募する

アメリカでモデリングの仕事を続けるにはどうすればいいか。

ＩＬＭだ。

『スター・ウォーズ』を作るためにジョージ・ルーカスが設立したＩＬＭは、ＶＦＸのパイオニアであり、業界最大手である。手がける仕事は極めて難易度が高いものばかり。だからこそ、ＩＬＭの仕事は、簡単に他の会社が手がけることができない。

２０１３年の時点で、ほとんどのＶＦＸスタジオは倒産するか、バンクーバーに移転してしまい、アメリカ国内でＶＦＸ制作を行っているのは、ほぼＩＬＭだけという状況になっていた。

正直にいって、ＩＬＭはこれまで自分が入れるスタジオとは思っていなかった。私はまだ4年目の新米だし、あそこは超ベテランが集う場所だと。メソッドにもＩＬＭ経験者がいたが、一目置かれていた。自分もいつかはＩＬＭとひそかに願ってはいたが、まだまだ先の話だと思っていた。しかしこうなったからには背に腹は代えられない。ＩＬＭに応募する。それでダメなら、バンクーバーかロンドンに移住しよう。

以前と違い、２０１３年は求職活動がずいぶん手軽になっていた。自分をアピールするための作品には事欠かないし、ＤＶＤを郵便で送る必要もない。自分のYouTubeチャンネルを開設してデモリールをアップし、そのＵＲＬを募集ページのフォームに入力するだけである。

手軽なのは良いが、逆にいえば誰でも応募できるということだ。リクルーターが膨大な応募すべてに目を通して吟味しているとは思えない。

アメリカにおける最後の挑戦だ。悔いのないよう、できるだけのことはしておきたい。ＣＧ業界に転職して4年、私もそれなりにコネができていた。メソッドやデジタルドメインなどのつてをたどり、ＩＬＭの社員を紹介してもらう。彼らにデモリールを送り、リクルーターへのプッシュを依頼する。ビジネス用SNS、リンクトインでつながっていたＩＬＭのリクルーターにもメッセージを送る。

そして、ひたすら返事を待つ。

待っている間は何もすることがないので、家のリフォームに取りかかった。キッチンやバスルーム、階段などを見栄えのする最新式にし、外壁も塗り替えることにした。もしＩＬＭに採用されてサンフランシスコに引っ越しすることになったら、家を売却しなければならないが、きれいにリフォームしてあれば高く売れるのだ。家財道具・不用品の整理も始めた。雑用をこなしていないと、不安で押しつぶされそうだったのだ。

第7章
ミレニアム・ファルコンに乗る

写真：スター・ウォーズ／モデリングスープのデイブ・フォグラー（左）と

「リクルーターからのメール」

ひたすら、ＩＬＭからの返事を待つ。一日千秋の思いとはまさにこのことだった。

一度、リンクトイン経由でつながったリクルーターから、期待を持たせるメッセージが送られてきた。もしかしたら、クリーチャー（オーガニック、生物系）のモデラーに空きが出るかもしれないという。舞い上がったものの、10日後には「あの話はなくなった。また何かあったら連絡する」という連絡があり、心底がっかりした。

それからさらに1カ月が過ぎた。リクルーターからの連絡はいっこうにない。

さすがに我慢できなくなって、もう1回だけ催促してみることにした。どうせダメもとだ。それに何より、デモリールには私の4年間が詰まっている。プロのモデラーになってから、一度たりとも仕事で手を抜いたことはない。誰に見せても恥ずかしくない出来だという自負はあった。

思いが通じたのか、「今はモデラーを雇っていないけど、もうすぐロサンゼルスでシーグラフがあるから、そこで面接をセッティングできないか考えてみる」というメールが送られてきた。それから間を置かず、「スープの1人がシーグラフに講師として出席することになっていて、彼が面接する」という連絡があった。

やはり、押した効果はあったようだ。

とはいうものの、文面を見る限り、具体的な作品にアサインするためではないようだった。使えそうなモデラーかどうかを見て、人材プールにストックしておこうという程度のことかもしれない。

それでも、チャンスはチャンスだ。わずかな可能性であっても、準備には念を入れた。急遽iPadを買ってきて、これまでに自分が手がけた画像や動画を詰め込む。どの作品をどういう順番で見せるか、どの部分にどういう工夫をしているのか。アドリブで流暢《りゅうちょう》に話せないのなら、事前の準備でそれを補えばいいだけだ。

久しぶりに訪れたシーグラフは、様変わりしていた。

1999年にロサンゼルスで開催されたシーグラフは4万人の来場者を集めた。ILMは巨大なブースを構えて、『スター・ウォーズ エピソード1』を大々的にアピールしていた。だが、この年のシーグラフは来場者が1万人程度に激減。ブースを構えているのはCG関係のハードウェアやソフトウェアのベンダー（製品のメーカーや販売会社）ばかりで、

ＩＬＭなどのＶＦＸスタジオは出展していない。アメリカからＶＦＸ関係の仕事がなくなっていることを改めて実感した。

ＩＬＭのスーパーバイザーが面接をしてくれるとはいっても、専用のブースがあるわけではない。指定された場所は、メイン会場入口わきのベンチで、人通りもある。講演のついでにちょっと面接してくれるだけなのだ。

失望する気持ちを抑えつつ、背もたれのない3人掛けベンチの真ん中に座った。両隣に、スープとリクルーターが座る。

私はｉＰａｄを片手に説明したが、スープのブルースはすでにデモリールをチェックしてくれていたようで、ふんふんと軽く相槌を打ちながら聞いている。面接は10分ほどで終わった。こんな面接で、十分にアピールできたのだろうか。

今ひとつ感触が得られなかったが、翌日リクルーターから「面接はとてもうまくいきました。ポジションが出たら連絡します」というメールが送られてきた。

それほど期待はしていなかったが、1週間ほどして連絡があり、テーマパークのライド用ＣＧの仕事で検討したいという。5名のマネージャーたちと電話面接をすることになった。

対面の面接であれば、実際の画像を見せながら説明することもできるが、電話だとそういうわけにもいかない。面接ではあまりにも緊張していて、何を聞かれ、自分がどう答えたのかもよく覚えていない。自分は大の映画好きで、10歳の時に『シャレード』を観たのが転職のきっかけだとか、とりとめのない話をしたような気はする。1つ覚えているのは、ハードサーフェイスかオーガニックかどちらが得意かと聞かれ、どちらもできると答えたところ、どっちなんだ？　と押し問答になったことくらいか。

電話面接から4日後、1通の電子メールが送られてきた。

本文の最初に書かれていたのは、「Welcome to ILM!」。

2013年8月19日から11月29日までの約3カ月間、私はILMで仕事をすることになった。

「ILMへの初出社」

2013年8月16日、私は家族をロサンゼルスに残し、サンフランシスコ空港近くのホテルにやって来た。当面はホテルに滞在し、その後3カ月間のルームシェアを探す。

サンフランシスコでは、久しぶりに原島君と酒を酌み交わした。この頃の原島君はすでにアニメーターとして『マダガスカル』などで活躍していた。

そして迎えた、ILM初出社の日。

ILMは、プレシディオと呼ばれる旧陸軍基地跡地の一角にある。4棟あるレンガ色のビルは以前あった陸軍病院の廃材を有効活用して造られた。そのため、夜幽霊を見たという噂が絶えない!?　ILMは4棟のうち2つを占有している。

9時に受付を済ませると、オリエンテーションが始まる。入社関係の書類とともに、ルーカスフィルムのロゴが入ったモレスキンのノート、R2‐D2が頭についたレゴのペンなどが配られる。

オリエンテーションのあとは、社内の見学だ。通路には、『ダイ・ハード2』や『E.T.』などで使われた実物のマットペイントが飾られている。2つの建屋をつなぐ空中通路には、『ターミネーター』や『バック・トゥ・ザ・フューチャー』で使用された小道具の模型などが置かれており、遠くにはゴールデンゲートブリッジが見渡せる。

そう、ここが憧れだったILMなのだ。

『スター・ウォーズ』をはじめとして、『インディ・ジョーンズ』『ジュラシック・パーク』『アイアンマン』『アベンジャーズ』など、ハリウッドの超大作を生み出してきた。これまで15のアカデミー視覚効果賞、33のアカデミー科学技術賞を受賞している。

この日入社したのは私を含めて3名で、2名はスタッフ職、私だけがフリーランスである。いい仕事をして認めてもらい、一刻も早く健康保険付きのスタッフになるぞと心に誓う。

11時には、所属部署のデジタルモデリング部門に入って、スーパーバイザーのデイブ・フォグラーと打ち合わせ。午後1時30分には、小部屋に入ってもう作業に取りかかっていた。私の担当は、テーマパークのライド（アトラクション）に登場するロボットの1体だ。同じ部屋で仕事をしているデイブの机の上には、ミレニアム・ファルコンのプラモデルが無造作に置いてあり、彼は時々それを手に取って眺めながら、円盤部分のモデリングを行っている。

私が担当しているのは『スター・ウォーズ』とは何の関係もないが、『スター・ウォーズ』を制作した会社で働けるだけで本当に満足だった。

「嬉しい社内イベント」

担当として割り当てられた、ライド用ロボットのモデリングは順調に進んだ。

ロボットに関してはごく簡単なコンセプトアートしかなく、ディテールはおろか、基本的な構造まで自分でデザインしなければならない。しかし、『アイアンマン3』でさんざんパワードスーツを作ってきた経験が役に立った。さらにＩＬＭの社内パーツライブラリはとても充実しており、適当な部品を組み合わせることで、それらしい内部構造を効率的に作り上げることができた。

どうやらデイブが想定していたスケジュールよりも、ずいぶん前倒しに進められたようで、テーマパークのライド用のロボットのあとは他のモデラーが苦戦していた銃器のデザインやモデリングも担当することになった。

デイブは、私の仕事を大変気に入ってくれたようだ。この機を逃す手はない。まだＩＬＭに入社して1カ月ほどしか経っていなかったが、マネージャーに契約延長希望の旨をメールしたところ、思いがけない返事が返ってきた。

翌2014年3月まで契約を延長して、今年11月からは『トランスフォーマー』、12月からは『ウォークラフト』のプロジェクトに入ってもらいたいという。そして、まだ確定ではないが、3月以降『スター・ウォーズ』に入ってもらうかもしれないというのだ。

本当に、『スター・ウォーズ』!?

さて、ライドの仕事が予定通り完了したあと、私は小部屋からモデリング部門の大部屋へと引っ越した。

ILMでは、1つのショー（プロジェクト）が完了すると、ショー・セレブレーションと呼ばれるセレモニーが開かれる。社内にある300人は入るTHX認定（映像や音声の再生環境がルーカスフィルムお墨付きということを示す）劇場で、ILMが手がけたショットの完成版を上映し、社内の投票で決められたベス

ショーセレブレーションのトロフィー

トモデルやベストアニメーションといった社内賞が発表される。あくまで内輪のお祭りだが、ＩＬＭロゴの形をした素晴らしい金属製トロフィーがもらえる。ヒーローモデルが4つノミネートされ、ベストモデルに選ばれたのは私がモデリングしたロボットだった。まだＩＬＭに入って日が浅かったが、社内で認められ、自分もＩＬＭの一員になれたと感じた。

社内にいるアーティストたちは自分の机の上にそのトロフィーを並べていて、人によっては200個くらいずらりと並んでいたりもする。どのアーティストが大御所か一目でわかるというわけだ。

ショー・セレブレーションのあとは全員で集合写真を撮って、それをホールの壁に飾る。スピルバーグも写っている『E．T．』の写真と、自分の顔の入った写真が並んだというのは何とも面映ゆい。

こういうイベントはとてもアメリカ的で楽しく、関わったスタッフの士気が上がる。もっとも、その数年後ＩＬＭにも経費削減の波が押し寄せて、素晴らしいトロフィーは紙の賞状や安っぽいプラスチックのおもちゃに代わり、今ではショー・セレブレーションは上映会のみで表彰は取りやめになってしまった。

「トランスフォームさせるため、ゴミ収集車を観察」

2013年11月から、1カ月間だけ『トランスフォーマー／ロストエイジ』のプロジェクトに参加する。私の担当はハードサーフェス系で、ゴミ収集車とそれが変形するロボット、未来型戦闘機、小型旅客機のモデリングである。

ゴミ収集車はロサンゼルスで使われている型式だという。ちょうどこの頃は、2週間に1回、週末にアーバインの自宅に飛行機で帰るという生活をしていたこともあり、実物のゴミ収集車の取材に出かけて写真を撮りまくり、相当細部まで作り込んだ。ただ、その他のモデルも含めて私の担当分は映画ではほんの一瞬しか映らず、残念ながら、ILMでの映画初仕事ではエンドクレジットに名前が掲載されなかった。

続いて『ウォークラフト』に参加する。『ウォークラフト』は、ゲーム業界最大手ブリザード社の人気ゲームを映画化したものである。

私と映画『ウォークラフト』には意外な接点があった。CGスクールのノーモンで、講師のマックスが手がけていた個人プロジェクトを手伝ったことがあったのだが、それはこの映画プロジェクトの受注に参加するためのショートアニメーションだったのだ。こんなふうにさまざまな作品と人がつながってくる、ハリウッドを中心としたVFX業界というのは案外狭い業界なのである。

『ウォークラフト』にも、私はハードサーフェス系のモデラーとしてアサインされ、武器などを作ることになっていた。だが、ファンタジー世界を舞台にした『ウォークラフト』なら、間違いなくオークなどのオーガニック系が主力になってくるはずだ。そこで『エルム街』のフレディのCGモデルをスーパーバイザーに見せてオーガニック系モデリングもできることをアピールしたところ、悪役ヒーローモデルのグルダンを任せてもらえることになった。グルダンのモデリングをスケジュール前倒しで仕上げ、準主役級のグロム・ヘル・スクリーム、伝説の武器ドゥームハンマーなど、映画で目立つモデルを手がけることができた。これらの仕事をVFXスープが気に入ったらしく、お褒めのメールをいただいた。

こういうチャンスを逃さないようにする習慣はもうすっかり身についている。その返答としてスタッフに推薦してほしいというお願いをしたところ、「やってみる」という返事が。会社の中庭に桜が咲き始めた4月、マネージャーから電話があり、スタッフになれることが決まった。モデラー職としては、ＩＬＭで初めての日本人スタッフだ。スタッフになれたことで、健康保険の問題は解決、そして分かれて住んでいる家族もようやく呼び寄せられる。心底、ほっとした。

そして5月、いよいよ『スター・ウォーズ／フォースの覚醒』プロジェクトがスタートする。

ＩＬＭのすごさとは何なのか？

ここで、私から見たＩＬＭという会社について述べてみたい。

ジョージ・ルーカスが『スター・ウォーズ』のため、これまでにない特殊効果を実現しようと1975年に設立したのがＩＬＭだ。最先端のＶＦＸを手がけることで知られ、ＶＦＸ業界にいる人間にとって憧れの会社である。

では、何がＩＬＭを「すごい会社」にしているのだろうか。

不可能を可能にしようとする会社のビジョン、そしてそのビジョンに共感した人たちのプライド、それがＩＬＭのすごさの本質だと私は考える。

例えば、制作過程での修正だ。

先にも述べたように、CGの制作は、モデリング、テクスチャリング、シェーダリング、リギング、アニメーション、ライティング、エフェクト、レンダリング、コンポジットといった複数の工程から成り立っている。

私のようなモデラーがモデルに変更を加えると、当然のことながら後の工程で修正作業が発生する。モデルが変われば、リグやテクスチャもアニメーションも変わってくる。モデラーとしてはできるだけ修正をせず済むようにモデリングするわけだが、それでも修正は避けられない。少しでもいいものを作ろうとすれば、必ず修正は発生するものだ。

CG、VFX業界にいる人間でも、皆がそのことをわかっているわけではない。以前在籍していたデジタルドメインでも、とにかく修正を嫌がるアーティストたちに悩まされたものだ。切羽詰まったスケジュールの中で作業をしているわけだから、できるだけ余計な修正はしたくないという気持ちもわからないではない。

ILMで働き始めてまず驚かされたのが、ほとんど誰も修正を嫌がらないということだった。最高のものを仕上げるために、修正を繰り返すのは必須だと知っている。“Don't worry. No problem.”が彼らの口癖である。このDon't worry. という言葉にどれほど救われたことか。

『ウォークラフト』のモデリングを手がけた時、私は上司のスープに「このモデルはどこまで作り込みますか？」と尋ねた。彼の答えは、「うちはＩＬＭなんだから、完璧になるまで」というものだった。

また、どのアーティストも出し惜しみをしないオープンさを持っている。何か疑問があった時、社内のメーリングリストに投稿すると、すぐに答えが返ってくる。自分のノウハウを隠し持っておくことはせず、どんどん知識やノウハウをシェアして、皆でいいものを作ろうとするのだ。

修正を厭《いと》わないからといって、アーティスト個人がブラックな働き方をしているというわけではない。アーティストがよりよいものを追求できる仕組みを、会社として作り上げている。

何より大きいのは、お金とスケジューリングだろう。

十分に試行錯誤できるだけの余裕を持ったスケジュール、そしてそれに見合った予算の仕事を取ってこられることが、ＩＬＭをＩＬＭたらしめている。

ＩＬＭでは、各工程を担当するアーティストは自分の仕事だけをこなし、雑用はいっさい行わない。プロデューサーやスープがプロジェクトの進捗状況や出来を把握していて、工程間の雑務や調整はコーディネーターという専門職が担当するようになっている。こうしたスタイル自体はアメリカのＣＧスタジオ全般に共通することではあるが、やはりＩＬＭのスープたちは能力がずば抜けていると感じさせられる。最高のクオリティを実現するために、いつ、どこまで修正をするのがよいか。スーパーバイザー自身が優れたアーティストだからこそ、その見極めができ、的確な判断ができるのだ。ただ顧客都合の仕様変更など、どうしても予測できない作業の負荷はかかる。その場合、外部から補充要員を導入したり、外注に回したりすることで、スタッフには極力残業させず、予算の超過を防いでいる（残業代は通常の1・5〜2倍であるため）。

さらに、新たな視覚効果を実現したりするための技術に投資を惜しまない。特にR&Dチームへの投資が重要で、スタッフはとても優秀だ。彼らはＶＦＸスタジオの生命線であるパイプラインを開発している。

例えば、先にＩＬＭのアーティストは工程をまたがる修正を厭わないと述べたが、それは工程管理のための仕組み、パイプラインが優れているからという面もある。マヤやZBrushといったCGソフトウェアも、この工程管理ツールと連携する。どのモデルがどう修正されたのかということも、別工程のスタッフが把握しやすくなっているのだ。

CGアーティストの抱える課題についても、R&Dチームが積極的にサポートしてくれる。私は『バーニング・オーシャン』という作品にモデラーとして参加し、石油を掘る設備「オイルリグ」のモデリングを担当した。オイルリグのモデルはあまりにも複雑な構造になっており、私がモデリングしたデータは膨大過ぎて、通常では1つのシーンに読み込めなかったが、R&Dチームが特殊な仕組みを開発してくれた。

R&Dチームはそれ以外にも、プラグインや作業効率を上げるスクリプトの開発を日常的に行っている。アーティストがやりたいことを最優先にして、社内のチームが一丸になって解決していく。それこそが、魔法を現実にする秘訣なのだろう。

ミレニアム・ファルコンを作り込む

2014年5月、予定から2カ月遅れて『スター・ウォーズ/フォースの覚醒』のVFXプロジェクトがスタートした。

『フォースの覚醒』に参加するハードサーフェス系モデラーは、私を含めて4名。私が最初に担当することになったのは——ミレニアム・ファルコンだった。まさにヒーローモデル中のヒーローモデル。

さて、ミレニアム・ファルコンだが、実はいくつかのバージョンがある。最初に制作された『エピソード4/新たなる希望』では、直径1・5メートルもある巨大なミレニアム・ファルコンの模型が作られた。これは少し大きすぎて撮影に使いづらかったため、『エピソード5/帝国の逆襲』では80センチメートルほどの小型版模型が作られた。

これらの模型は、キットバッシングという手法で作られていた。ベースとなる円盤の上や側面のごちゃごちゃした装飾(グリーブリーズと呼ばれる)は、市販のプラモデルからそれらしいパーツを流用して使っていたのだ。タミヤの戦車部品があちこちに使われているし、前部側面に貼り付いているのはマツダのロータリーエンジンだったりする。

1・5メートルと80センチメートルの模型では、縮尺が違うため同じパーツを使えない。だから、2つの模型は細かな部分がかなり違っている。この2つ以外にも、（半分だけの）実物大セットや手のひらサイズの模型も存在し、それらはそれぞれディテールが異なる。

CGで作成するエピソード7のミレニアム・ファルコンは、やはり世間で決定版と呼ばれている直径1・5メートルのエピソード4版をベースにすることになった。エピソード4から30年以上かけてハン・ソロとチューバッカがあち

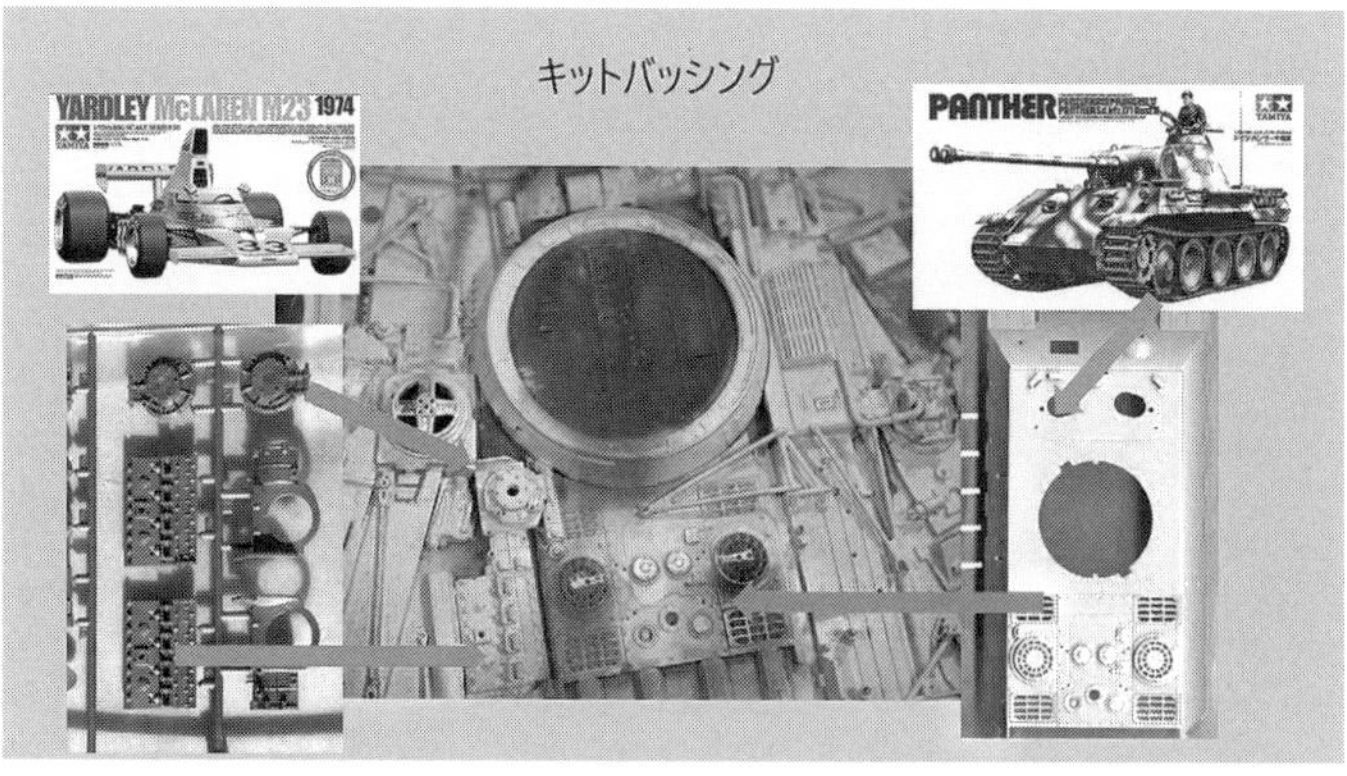

ミレニアム・ファルコンの表面には、市販のプラモデルのパーツがうまく組み合わされている

こち改造を加えたという設定で、形を変えず、ディテールのみアップグレードするという方針が決まった。

仕事始めの5月5日、デイブが、模型の3Dスキャンから作ったベースモデルを私に渡してこう言った。

「これをベースにして、ディテールをかっこよく作り込んで」

SF映画における最高傑作の宇宙船を、自分のデザインで作り込んでいいと言うのだ。喜びと同時に、「私なんかが自由に作っていいのか?」という戸惑いに襲われた。

こうして『スター・ウォーズ』漬けの1年間が始まった。

オフィスで作業する8時間の勤務時間以外も、どうやったらミレニアム・ファルコンが「リアル」に見えるようになるかをひたすら考える。この時はまだ家族と別れたままの単身暮らしだったので、週末にはミレニアム・ファルコンやスター・デストロイヤーといった『スター・ウォーズ』のプラモデルを作り始めた。手を動かすことでアイデアを得ようとする試みである。

ミレニアム・ファルコンのプラモデルは、ファインモールド社の1/72スケールを組み上げ、丁寧に塗装して汚しを入れる。スター・デストロイヤーは、オークションサイトでレジンキットを買い、2000本の光ファイバーを仕掛けてLEDで照明が点くようにした。ついでに、自分の担当ではないXウイングまで作ってしまった。実はこの私が作ったXウイングの模型、出来が良かったので映画にそのままミニチュアとして登場させる話もあったのだが、結局CGが使われた。残念！

CGモデルのミレニアム・ファルコン制作でも、プラモデルの経験は大いに役立った。例えば、オリジナル模型の後部側面には、丸が2つ付いた部品が4つ並んでいる。これはタミヤのマチルダ戦車のサスペンションを流用したものだ。こういう装飾はそれらしく見えればいいものだから、模型の制作者もきちんと考えて作り込んだとは限らない。けれど、その意味や機能を自分なりに考える。リアルに見える造形というのは、そこに何らかの機能性が感じられるということだ。ただゴテゴテしているのではなく、燃料を輸送するためにパイプが走っていたり、熱を逃がすために穴が空いていたりする。そういう構造を見た時、人は「リアルだ」と感じるものなのだ。

では、丸が2つ付いた4つの部品は何なのだろう。

これは、プロトン魚雷の発射口にすると面白そうだ。子供の頃に遊んだ魚雷戦ゲームに出てきた砲台のイメージか。このようにして、オリジナル模型の部品に意味付けをし、プラモデルのパーツを一つひとつ作るように、マヤを使って部品をモデリングしていく。

　我々のCG制作と並行して、プロダクションでは実物大ミレニアム・ファルコンのセットも作られていた。こちらは全面的に新たな部品が使われていて、パイプが船体を縦横無尽に走っている。セットとCGで見た目があまりにも異なっているとまずいので、セットと同じようなパイプをCGモデルにも走らせ、目立つ大型部品も取り込む。

　2カ月ほどかけて、私は円盤側面や上部と下部に空いている四角い大きな穴のディテール、上下に付いている機関砲の

上が完成したCGモデル。下が「エピソード4」で使われた模型。左下のサスペンションが左上の4つのプロトン魚雷発射口となった

砲撃室内部、乗降口とその内部、着陸用の脚などをモデリングした。その後、仲間のモデラーに引き継ぎ、これまでで最も緻密なミレニアム・ファルコンのモデルが完成した。

「ストームトルーパーとスター・デストロイヤー」

次に手がけたのが、ストームトルーパーのモデリングだ。アニメーション作業のため、モデリングを仕上げることが急務となっていたのだ。ストームトルーパーに関しては着ぐるみ用のCADデータがあったので、これをベースにモデリングする。

その次は、タイ・ファイターや、カイロ・レンの搭乗するコマンド・シャトルに取り組んだ。いずれも、ディテールに関してはざっくりしたコンセプトアートやモックアップしかなかったので、イマジネーションを総動員して作り込んだ。

続く大物は、新型スター・デストロイヤーである。こちらも大まかな形状は指定されていたが、側面の詳細や艦橋などのディテールは私に任されていた。

全長3000メートルの巨大宇宙戦艦をミレニアム・ファルコンと同じレベルで作り込むのは、作業時間的にも、コンピュータの処理能力的にも不可能だった。そこで艦の全体が見渡せる距離で、それなりのディテールが見えるというレベルまで作り込むことにする。旧型スター・デストロイヤーに使われていたパーツを参考にしながら、370個のパーツをデザインし、一つひとつモデリングしていった。これらのパーツを複製し、艦全体に約2万5000個配置し、スター・デストロイヤー「ファイナライザー」は完成した。制作期間は4カ月。モデリング作業は私1人で行った。

ちなみに、スター・デストロイヤー用に370個作ったパーツは、その後ILM社内のライブラリに収録され『スター・ウォーズ』シリーズのあちこちで使われている。

このスター・デストロイヤーは、1つのモデルとしてはほぼ限界のデータサイズになり、ILM史上最大級のモデルとなった。これでも、ある一定以上の距離まで近づくとディテール不足で映像としては使えない。特定の箇所をアップにする場合は、ディテールアップ用パーツを別途用意し、それを別アセット（別データ）としてモデルの上に重ねている。

そして最後の大物が、旧型スター・スター・デストロイヤーの内部構造である。砂漠でのチェイス場面で、朽ち果てている旧型デストロイヤーに使用された。私は内部のトラス構造や艦橋内部のフロアーやパイプなど、基本的なデザインとモデリングを行った。映画では、このモデルをベースにショットごとに詳細なパーツがさらに重ねて配置され、見事

新型スター・デストロイヤーのコンセプトデザイン by James Clyne

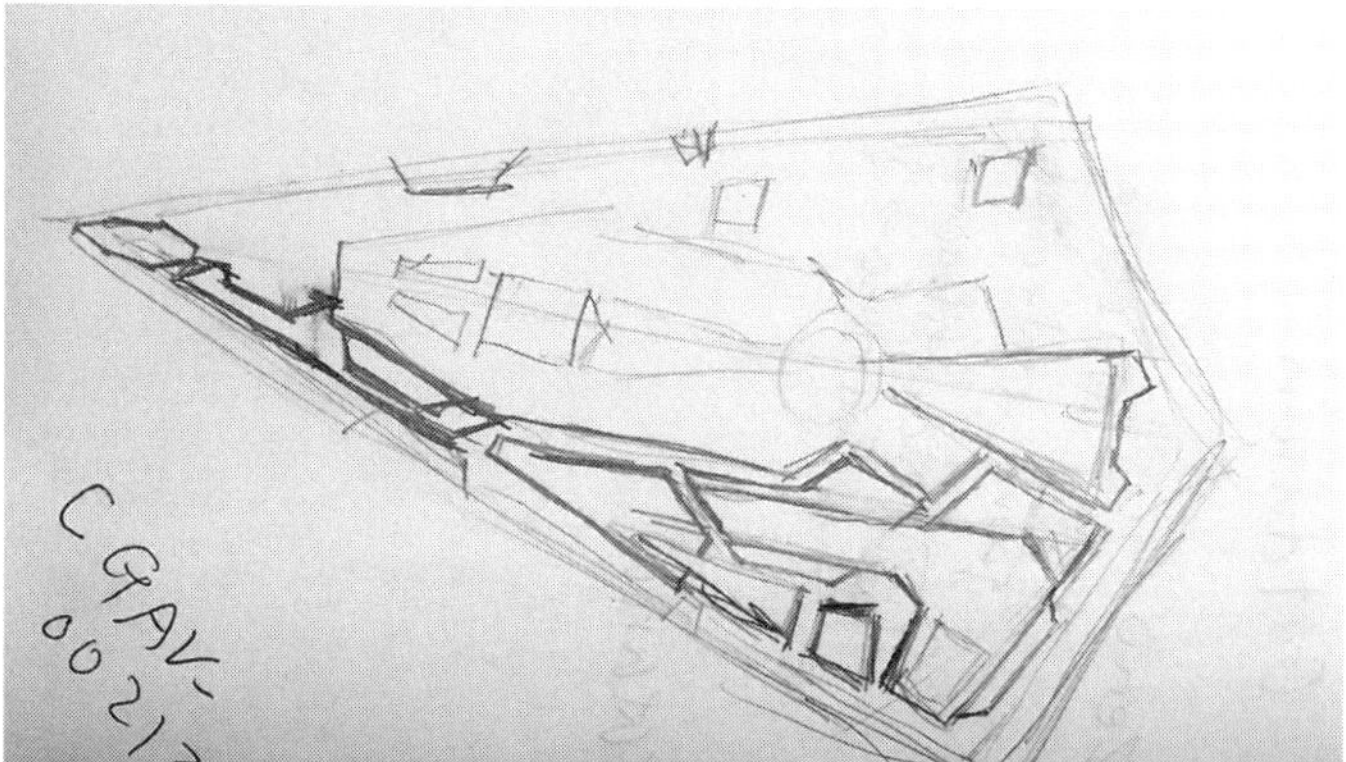

筆者のデザインノートより。スター・デストロイヤーの下部パネルデザイン

な廃墟を構成している。

使えなければ3日で辞めさせられる世界

ＩＬＭは、現時点でＶＦＸ業界の最高峰であり、アーティスト憧れのスタジオである。

とはいっても、アメリカの企業全般に共通することだが、フリーランスとして採用されることは（簡単とは言わないが）それほど難しいことではない。ものすごい出来のデモリールを1週間で作りましたとアピールすれば、とりあえず採用されるかもしれない。

入るための難易度はそれほど高くはない。難しいのは、期待されるアウトプットを出し続けることだ。入ってしまえばこちらのものであるという日本的な考えは通用しない。アメリカの大学は入るのは容易だが卒業が難しいといわれるが、それと同じことが会社にも当てはまる。

私が『スター・ウォーズ／フォースの覚醒』に参加している時、専門学校を出たばかりの若いモデラーが配属されてきた。かなりできるという触れ込みだったようだが、実作業ではほとんど役に立たなかった。スーパーバイザーからコンセプトアートを渡され、このモデルを作ってくれと頼まれる。すると、この若いモデラーは「三面図がないと、モデルは作れません」と言い返す。

モデラーとして仕事を始めた頃、私もコンセプトアートだけ渡されて戸惑っていたことを思い出した。仕事を実際にするまでは、言われた通りにモデルを作っていくのが、モデラーだと考えていたのだ。

だが、モデラーに求められている能力とはそういうものではない。コンセプトアートを自分のイマジネーションで膨らませて、より魅力的なモデルに仕上げていく。それがモデラーに期待されていることなのだ。

CGソフトウェアの機能を使いこなせるだけでは、VFXの現場では役に立たない。本当に文字通り、彼は3日でいなくなってしまった。ただどういう訳か彼の名前が「フォースの覚醒」のエンドクレジットに載ってしまい、あとから皆大笑いだった。ちょっとした伝説になった。

もしかしたらこのモデラーは、面接でかなり大きなことを言ってしまったのかもしれない。

アメリカの会社は、基本的に性善説に則って、人を採用する。「私はこういう資格を持っていて、こういうことができます」と言えば、とりあえずそれを信用して、スキルに見合った仕事にアサインされる。そして、現場で期待されるパフォーマンスが出せなければ、すぐに解雇される。できる、できない、正直、不正直、そういう評判はすぐに業界内に伝わり、一度いい加減なことをすると業界に居場所がなくなってしまう。自分の実績や能力を正直に申告して、それに見合った仕事に就き、その中で実績を積んでスキルを高めていくしかないのだ。

日本企業であれば数週間から数カ月の研修期間があるし、アメリカ企業でも大きな会社ならトレーニング期間や研修を設けているところもある。しかし、たいていの会社にはそんな余裕などない。ＶＦＸ業界で最大手のＩＬＭであってもだ。

「2015年12月17日、『フォースの覚醒』を観る」

『スター・ウォーズ／フォースの覚醒』に取り組んでいた1年間は、これまでの人生の中でも最高に充実した時間だった。

毎朝、地下の駐車場に車を停め、受付までエレベーターで上がってくるとC－3POとR2－D2が出迎えてくれる。映画ポスターがずらりと張られた廊下を通って、自分のオフィスへ向かう。

モデリングが楽しくてしょうがない。ランチを食べる時間も惜しまれる。あっという間に8時間が過ぎる。

どういう形だともっとかっこよく見えるか。この部品にはどんな機能を持たせるか。アニメーションしやすくするには、どんな構造にすべきか。とにかく、自分が作ったものがスターウォーズの歴史に組み込まれるし、世界中の人々の目にさらされることになる。いい加減なものは決して作れない。時間の許す限り、自分の持てる力をすべて出し切るのだ。

かつてCGスクールのノーモンに通っていた時、講師の「眼」に舌を巻いたものだ。対象物を注意深く観察して、その本質を捉えるからこそ、魅力的な形状を生み出していける。当時ミレニアム・ファルコンやスター・デストロイヤーを作りながら、ようやく自分にも「眼」が備わったと感じた。転職をしてからの6年は、確実に私を成長させていた。だが、今見返すとまだまだ未熟だったことがわかる。この仕事に「上がり」はない。やればやるほど、「眼」は鍛えられていくのである。

2015年12月、例によって社内でショー・セレブレーションが開催された。モデル部門ではBB－8、スター・デストロイヤー、ダッド・ボルト、ミレニアム・ファルコンの4つがノミネートされ、ベストモデルとしてミレニアム・ファルコンが選ばれた。私は共同制作した仲間のモデラーとともに賞状（この時はすでにトロフィーではなく、紙の賞状になっていた）を受け取った。

まるで、ルークが仲間たちとともに喜びを分かち合う、『エピソード4』のラストシーンのようではないか。

2015年12月17日、映画の封切り1日前に、会社がサンフランシスコのダウンタウンにある映画館ソニー・メトレオンを借り切って試写を行った。社員は、皆家族を呼んで、思い思いに試写を楽しんだ。

あのファンファーレが鳴って、黄色い文字が遠ざかる。1978年に観た映画と同じである。そして、オープニングに登場するスター・デストロイヤーを見て、私は感極まった。

膨大な数のレビューを繰り返すハリウッド映画

ハリウッド映画のVFXはすごい、それに比べて邦画は……と思っている人は多いだろう。

確かにハリウッドのVFXは世界でもトップクラスだが、その違いはいったいどこからきているのだろうか。

CGアーティストの資質に関して言えば、日本とアメリカでそれほど大きな差があると私には思えない。

VFXの出来を決定付けるのは、レビューの回数だ。

『ハン・ソロ／スター・ウォーズ・ストーリー』で私はミレニアム・ファルコンのモデリングを担当したわけだが、当然のことながら1回で完璧なものができるわけではない。要所要所で、スープたちにレビューを依頼する。スープから修正要求が来るので、修正を行い、またレビューを依頼する。ミレニアム・ファルコンのモデリングについていえば、だいたい100回レビューを受けた。モデルはミレニアム・ファルコン以外にもたくさんあるし、アニメーションやテクスチャリングなどの各工程でもそれぞれレビューが行われる。レビューには通し番号が振られるのだが、プロジェクトが終了する頃にはこれが20万になる。つまり、スープたちは20万回レビューを行っているのだ。

邦画では、ここまでレビューを繰り返すことはないだろう。これが最終的なクオリティの差になってくる。もちろん、それだけのレビューを行うための予算をハリウッド映画が獲得しているからこそできる話ではある。

その後の作品

『スター・ウォーズ／フォースの覚醒』以降も、仕事は次から次へと降ってきた。

2010年に起こったメキシコ湾原油流出事故をモチーフにした『バーニングオーシャ

ン』（２０１６）では、海上に浮かぶオイルリグ（石油の掘削装置）の約７割をモデリングした。このモデルはＣＧ界のアカデミー賞であるＶＥＳアワードで最優秀モデル賞を受賞した。

『トランスフォーマー／最後の騎士王』（２０１７）では、メインキャラのメガトロンと、コグマン、ドラゴンストームという３体のトランスフォーマーを担当した。コンセプトアートは渡されたのだが、正面と、背面の絵の整合性に問題のある部分もあり、立体化はなかなか苦労した。もちろんトランスフォーマーだから、乗り物からロボットに変形もしなければいけない。変形の仕組みも含めて構造を考えるのは大変だったが、好きなようにやらせてもらえたのでやりがいはあった。

『スター・ウォーズ／最後のジェダイ』（２０１７）はロンドンのＩＬＭオフィスが中心となって製作が進められたが、ラスト近くの「クレイトの戦い」だけはサンフランシスコが担当することになった。岩塩で覆われた地表をスキー・スピーダーが疾走すると、赤い鉱物の粉塵が巻き上がる、美しい戦闘シーンである。私はスキー・スピーダーや新型のゴリラ型ＡＴ－ＡＴ、巨大イオン・キャノン、牽引車を担当した。ミレニアム・ファルコンも登場するから、このシーンに出てくるモデルはほとんど私が手がけたことになる。

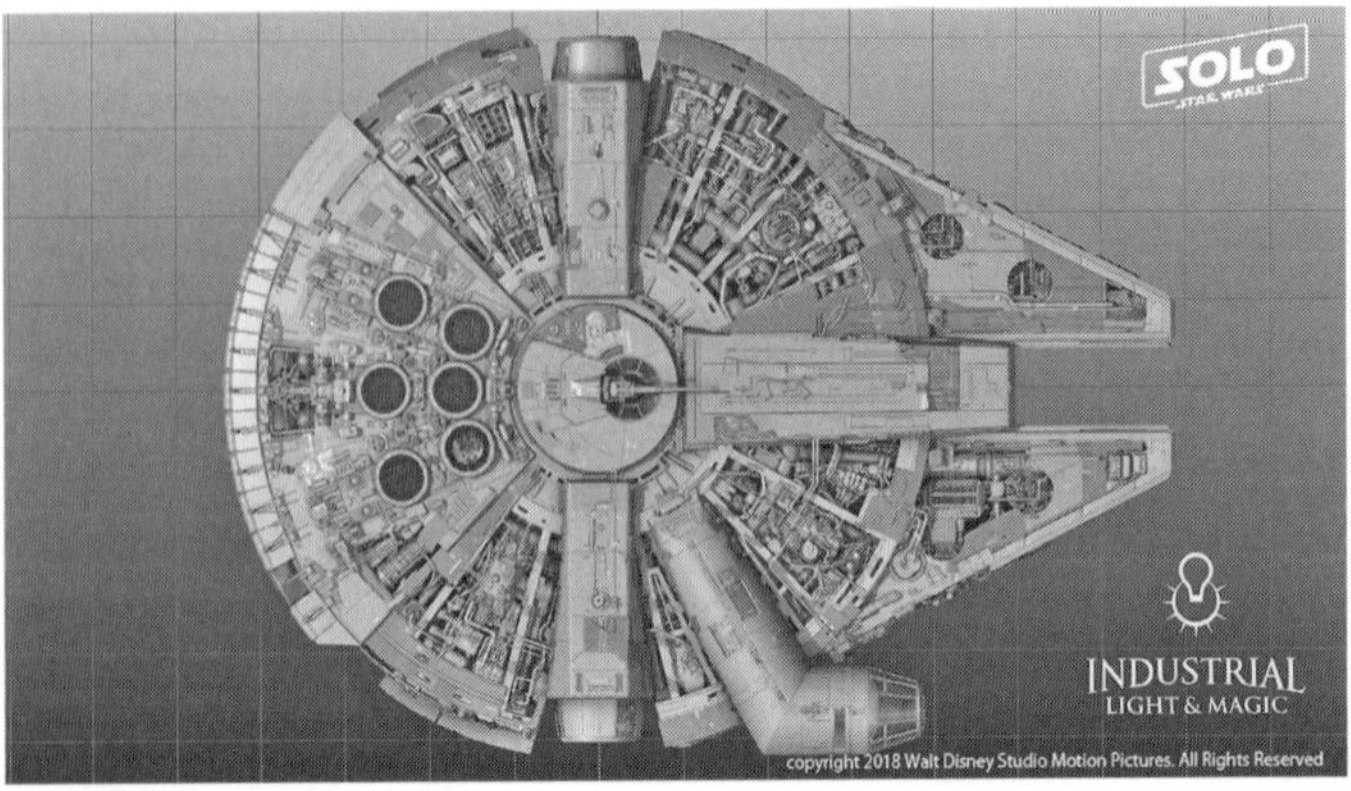

ミレニアムファルコン内部構造をモデリング。『ハン・ソロ／スター・ウォーズ・ストーリー』より

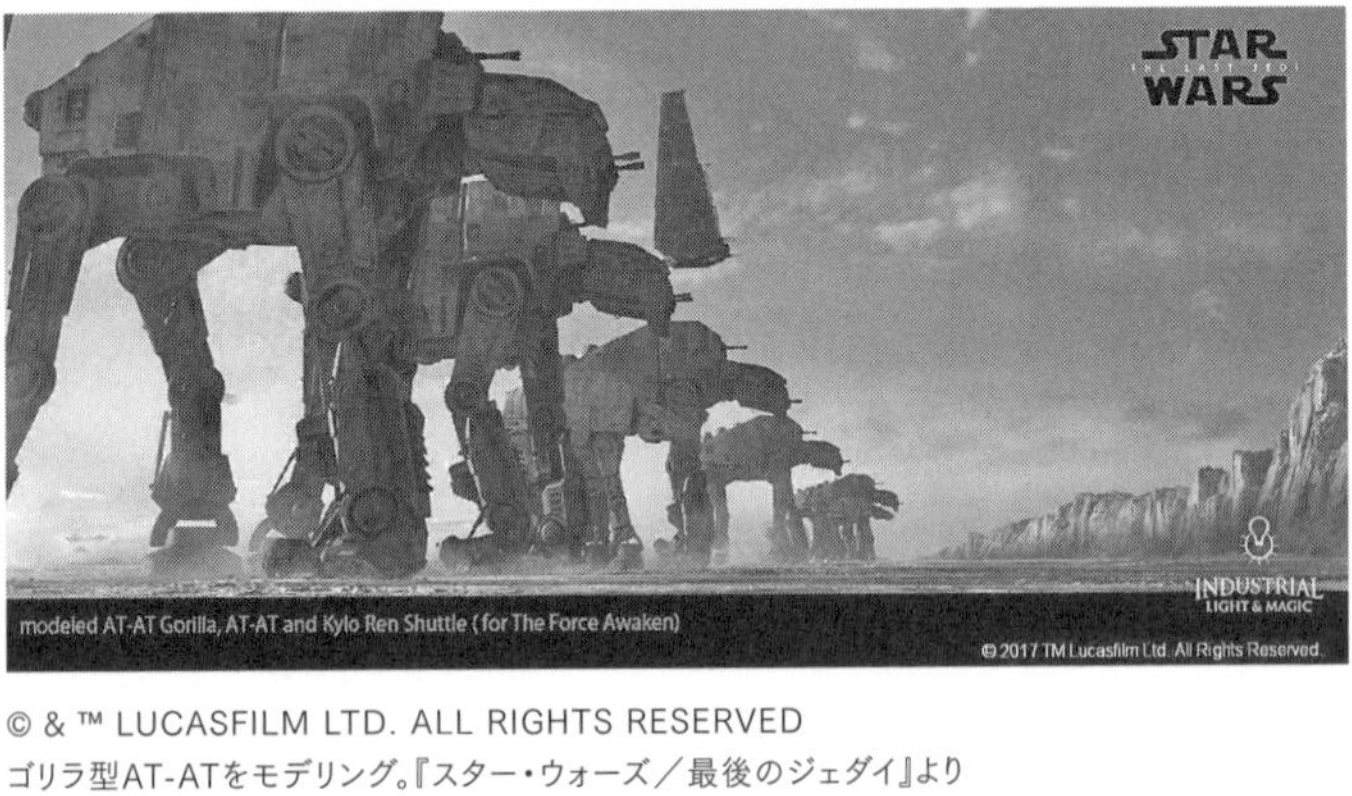

ゴリラ型AT-ATをモデリング。『スター・ウォーズ／最後のジェダイ』より

『ハン・ソロ／スター・ウォーズ・ストーリー』（２０１８）には当初リードモデラーとして参加したのだが、モデリングスープが大けがをしてしまったため、私が彼の代行も務めることになった。

スープの仕事は、モデラーが上げてくるモデルのレビューだけではない。プロジェクトの途中で随時ＶＦＸシーンのビディング（受注）が行われるので、そのために必要なモデリングの見積もりなども行うことになる。モデリングだけに専念しているわけにはいかなかったが、『スター・ウォーズ』シリーズでスープの代役を務められたのは、やはり名誉である。

そして、『スター・ウォーズ』映画本編の完結編となる『スター・ウォーズ／スカイウォーカーの夜明け』（２０１９）。私自身の主な担当としては、スター・デストロイヤー内部構造のモデリングなどだったが、他のオフィスで作られたモデルのクオリティアップも行うことになった。モデルにダメ出しをするのは、言う側も言われる側もきついが、クオリティアップのためには不可欠だ。

どんなところにダメを出すのか。

全体的な形状が良くないとか、ディテールが良くないといったこともあるが、スケール感の問題も大きい。私がスター・デストロイヤー用に作った370個のパーツは社内ライブラリに収録され、ほとんどのモデラーが使うわけだが、使い方がまずいことがある。全長3000メートルの宇宙戦艦用に作ったパーツを、何も考えず小さなスピーダーに付けてしまったりする人がいるのだ。そうやって作られたモデルを見ると、スケール感に整合性がとれておらず、違和感がある。私はこのあたりの感覚をプラモデル作りで鍛えたが、手を動かして作っていないとなかなか会得できないものなのかもしれない。

『スカイウォーカーの夜明け』のプロジェクトが終了した時には胸にこみ上げてくるものがあった。40年以上前、中学生の時に映画館で観て大興奮した作品の、完結編なのだ。サンフランシスコのオフィスで『スカイウォーカーの夜明け』のモデリングを担当していたのは、私とモデリングスープの2人だけだったが、同僚たちも『スター・ウォーズ』に憧れてこの世界に入ってきた人たちばかりである。プロジェクトが終了した夜、サンフランシスコのバーで彼らとささやかな祝杯を挙げた。

「楽な仕事はないが、楽しい仕事はきっとある」

『スター・ウォーズ』の映画本編は完結したが、私自身の仕事はまだまだ終わらない。動画配信サービスの「ディズニー・プラス」は2019年から『スター・ウォーズ』のドラマシリーズ『マンダロリアン』を配信しており、シーズン2から私も参加している。他にもライドその他のモデリングで、なかなかに忙しい日々を送っている。

忙しい日々ではあるが、CGに取り組むのは1日きっちり8時間。基本的に残業はしない。新型コロナウイルスショック以降は自宅での作業となり、通勤が不要になった分、以前より余裕も持てるようになった。一日の仕事を終えたら、家族や猫と過ごす。妻と一緒に近所を散歩したり、子供とその日の出来事を話したりする。

だが、仕事中の8時間は、自分の持てる力をすべてモデリングに注ぎ込む。イマジネーションを膨らませて、最高にかっこいい造形を脳内やスケッチブックに描き、それをCGソフトウェアで具現化していく。一つひとつのポリゴンを丁寧に配置し、バランスを整える。変形するモデルなら、構造がどうなっているか頭をひねって考える。

やってくる仕事は、どれも簡単ではない。何度も何日も試行錯誤して、ようやく解決できることもある。

楽な仕事ではない。だが、楽しい。

朝起きると、いつもワクワクした気分だ。自宅やオフィスで仕事を始めるのが、待ち遠しい。

苦労して作り上げたモデルをスープや同僚に見せて、「Awesome!」と言ってもらえると、どんなもんだと得意になる。褒めてもらうと、もっとすごいモデルを作りたくなる。

映画制作のプロジェクトは、作業をしている間も楽しいが、終わってからも楽しみが続く。プロジェクトが終了したら、完成した実感を同僚たちと分かち合えるし、さまざまなイベントもある。自分が参加した作品がアカデミー賞争いに絡んでくると、やはりドキドキする。

ワクワクする日々ではあるが、安穏とはしていられない。腕利きのベテランアーティストでも、会社の都合であっさりクビを切られてしまう世界だ。またフリーランスになってしまうと健康保険もなく、収入も不安定になって本当に辛い。VFX業界は、多くのフリーランスの犠牲の上に成り立っていると言っても過言ではない。

それでもスキルがあれば、チャンスを摑めるのがアメリカのいいところだ。有無を言わせないスキルを常に磨いていれば、年齢や性別、国籍を問わず、その人に見合ったポジションを得るチャンスがある。

私はこれからもモデラーとして生きていこうと決めたから、最高のモデリングをすることだけをいつも考えている。CGに取り組み始めた頃は、複数の工程を1人で手がけるジェネラリスト的な仕事のやり方をしていたが、やはり私の強みはモデリングにある。CG技術自体は日々進化しているが、魅力的なモデルを造形する仕事はまだ当分はなくならないだろう。

「あなた自身の「ミレニアム・ファルコン」に乗れ」

今、私は充実した日々を送っている。

もちろん、それは家族や友人、仕事仲間、恩師たちの支えなしには実現できなかった。特に、安定したサラリーマンを辞めてCGアーティストになるという無謀な挑戦を後押ししてくれた妻と子供たち、日本で留守を守ってくれている姉と妹には感謝しきれない。

子供たちの進路や教育方針についてあれこれ口を出したことはなかったが、自分なりに納得のいくプロの仕事ができるようになったことで、いちおう親の背中を子どもたちに見せることもできたのではないか。娘が中学生の頃、学校で家族のことを発表することになって、「パパはアイアンマンを作ってます」と言ったらクラス中が大騒動になったそうだ。父親の仕事を子供が誇ってくれる、それはどんな祝賀イベントよりも嬉しい出来事だった。

思い返してみれば、23年間のサラリーマン生活では、仕事に誇りを感じたり楽しいと感じたりしたことは少なかった。自分の興味関心に従って就職をしたつもりだったが、会社の都合に振り回され、人間関係に悩まされ、切れ目のない雑務が延々と続く日々だった。だからといって、サラリーマンになることなく、最初からCGモデラーになっていればよかったかと問われれば、それは違うと答える。日本で就職していなければ、アメリカに来ることもなかっただろう。先端技術に浸ることもなかったし、「何とかなる」という楽観的なマインドを得ることもなかった。何より、不満足な日々があったからこそ、自分が何者かを見つけられたのかもしれない。

私は何者だったのか。

プラモデルや映画が好きで、オタク趣味に我を忘れて没頭する。絵やプラモデルの出来を人に褒められると、嬉しくなる。

それが私だ。

私は自分が何者かを探して、「ミレニアム・ファルコン」に乗った。

あなたも、自分の「ミレニアム・ファルコン」を見つけて、乗ってほしい。

あとがき

２０２０年3月、世界の人々の生活が劇的に変化した。ここシリコンバレーはそれまで絶好調の景気に乗り、世界中から人が集まり物価は高騰、世界一高いとされる住宅価格はピークに達していた。１９９３年に賃貸で入居した家は、２００１年に大家さんから、その家を買わないかと打診があったが、現在その金額の3倍の評価となっている。当時はそれでもとても高いと感じていたし、またそんなお金もなかったわけであるが、なんとか買っておけばよかったと悔やまれる（笑）。

街、ショッピングモール、レストランなどは人であふれ、フリーウエイも渋滞が慢性化していた。ここシリコンバレーの大動脈は湾沿いのハイウエイ１０１号と山沿いの２８０号であるが、私が渡米した93年には、２８０号が渋滞することは事故以外絶対にありえなかったが、ここ10年は当たり前のように通勤ラッシュで止まるようになった。

しかしこの月を境に、２０２１年5月現在、１０１号でさえ渋滞することが少なくなり、頻繁に頭上を横切る飛行機も減り、空は青く澄み渡り、街に静寂が訪れ、小鳥のさえずりが聞こえる世界になった。仕事は完全リモートになり、毎日、往復1時間30分かけていた通勤ドライブ地獄がなくなり、時間のロスとストレスも軽減された。家族との大切な時間が増え、生活にゆとりができ、より人間らしい生活ができる世の中になったと感じている。

本書でも触れたが、ハリウッドのVFX業界はこんなシリコンバレーの景気とは裏腹に、2013年を境に衰退の一途をたどった。数年前にはILMの人員はかなり減少し、ゴールデンゲートブリッジが見えるオフィスの移転も検討されたが、このコロナ禍は家庭内のストリーミングコンテンツ需要を生み、今や仕事が大量に舞い込み人手不足に陥るようになった。しかし、その不足も完全リモート通勤の採用により容易に補え、全米に散った人材のほとんどが、生活拠点そのままに仕事に復帰している。

現時点で米国では約半数の国民がワクチン接種を完了し、失われた日常が徐々に戻りつつある。今後、私の仕事の形態がどのように変わっていくかはまだ決まっていないが、リモートで問題なく遂行できる職種であることが証明された今、オフィスの存在意義は薄れ、いずれは国境を越え、全世界の有能な人材がたやすく集結できる場になっていくことは、間違いないと思う。リモートで働く仕事にバウンダリー（境界線）がなくなる未来は近いはずである。

私が日興の駐在員として米国に赴任した1993年、あの『ジュラシック・パーク』が公開された。実はこの映画がＣＧの始まりと言われているが、そう考えるとこの業界はまだ30年そこそこの若い業界といえる。私がＣＧアーティストになってすでに12年、よって実に３分の１の歴史を共に歩んでしまったことになる。

デビューした２００９年、私は46歳の新人モデラーとして初めてメディアに紹介された。今はとても新人と呼べるような外見ではないが、不思議と、自身はまだ新人だと感じるし、未だに最初に味わったあの興奮や喜びが衰えることはない。

朝５時には自然に目が覚め、６時から仕事を始めるのが楽しくてしょうがない。早く土日が過ぎればと思う日々もあるくらいだ。テレビへの初出演は２０１３年に放映された第１回「明石家さんまの転職ＤＥ天職」だったが、まさしく天職を見つけることができたと今は実感できる。

こうやって振り返ってみると、その時々はてんでばらばらなことをしてきたように見えるが、それがいろいろな接点でつながっていたことがわかり、この結末は偶然ではなく必然であったようにも感じる。

私にとってその接点とは、やはり自分の人生の道しるべとなった愛すべき映画たちと、人との縁であったように思う。これまで偶然にも巡り合ってきた友人、先輩、恩師、上司、部下などいろんな人とのつながりが今の自分を支えていることに気づく。

扶中305、丹羽高301、丹羽高陸上部、トルバドゥール、ダブルフォールト、鬼頭研究室、NECアンテナ開発部、NEC10人衆、NSCの仲間、大城空手道場、秋田三枝子さん、故石崎七生子さん、シリコンバレーでお世話になったご家族、ニューヨーク日興と野村と大和の仲間、ジューン・リー、松井君の模型とアナウンサー仲間、702、親戚一同、皆さんとの出会いがあっての今があると思います。本当にありがとうございました。

そして本書の出版にご尽力いただいた朝日新聞社の伊藤舞虹さん、QUESTOの黒田剛さん、光文社の三野知里さん、構成・執筆でご協力いただいた山路達也さん、お陰様で素晴らしい本を出すことができました。本当にありがとうございました。

最後に私の大好きな言葉を沿えて、〝リメンバー。ドリームズ　カム　トゥルー〟

2021年5月30日

映画作品リスト filmography

2021	『ザ・ブック・オブ・ボバ・フェット』(原題)
	『エターナルズ』
	『ブラック・ウィドウ』
2020	『マンダロリアン』
	『フェアリー・ゴッドマザー』
2019	『スター・ウォーズ／スカイウォーカーの夜明け』
2018	『ハン・ソロ／スター・ウォーズ・ストーリー』
2017	『スター・ウォーズ／最後のジェダイ』
	『トランスフォーマー／最後の騎士王』
2016	『バーニングオーシャン』
	『ローグ・ワン／スター・ウォーズ・ストーリー』
2015	『ウォークラフト』
	『スター・ウォーズ／フォースの覚醒』
	『アントマン』

『ターミネーター：新起動／ジェネシス』
『アベンジャーズ　エイジ・オブ・ウルトロン』

2014
『トランスフォーマー　ロスエイジ』
『イントゥ・ザ・ストーム』

2013
『300帝国の進撃』
『アイアンマン3』

2012
『ザ・マスター』
『タイタンの逆襲』
『For Greater Glory』※日本未公開

2011
『キャプテン・アメリカ／ザ・ファースト・アベンジャー』
『パイレーツ・オブ・カリビアン／生命の泉』
『ザ・ライト　エクソシストの真実』

2010
『モールス』
『魔法使いの弟子』
『エルム街の悪夢』
『パーシージャクソンとオリンポスの神々』

成田昌隆（なりた　まさたか）
ルーカスフィルム／ILM シニアCGモデラー。
1963年生まれ、愛知県出身。名古屋大学工学部を卒業後、NECを経て日興證券へ転職。'93年から米国赴任。会社勤めのかたわらCGの独学を始め、米VFX業界への転身を決意し退職。専門学校を経て2009年、46歳にしてハリウッドのVFX業界にプロデビュー。メソッドスタジオにて『タイタンの逆襲』のモデリングスーパーバイザー、デジタルドメインにて『アイアンマン3』のリードモデラーなどを経て現職。『スター・ウォーズ』エピソード7-9ではミレニアム・ファルコンやスター・デストロイヤーなどのCGモデリングを担当。

ミレニアム・ファルコンを作《つく》った男《おとこ》
45歳《さい》サラリーマン、「スター・ウォーズ」への道《みち》

2021年7月30日　初版第1刷発行

著　者　成田昌隆《なりたまさたか》

発行者　田邉浩司

発行所　株式会社光文社
〒112-8011　東京都文京区音羽1-16-6
電話　編集部 03-5395-8172　書籍販売部 03-5395-8116
業務部 03-5395-8125　メール　non@kobunsha.com
落丁本・乱丁本は業務部へご連絡くだされば、お取り替えいたします。

組　版　堀内印刷
印刷所　堀内印刷
製本所　国　宝　社

　ISBN978-4-334-95256-3